JN322194

カバーデザイン・本文イラスト：小熊未央

中国語
リスニングステージ

「聞く」から「効く」へ

CD 2枚付

徐　迎新　著
竹島　毅

駿河台出版社

はじめに

　この本は、中国語の基礎学習を一通り終え、リスニングの力をさらに高めたいという方のために編まれたものです。

　ことばを学ぶ上で、「聞く」練習は非常に重要なものの一つであり、これを強化することで、「話す」「読む」「書く」「訳す」などの力を養うことにつながります。しかしながら、リスニング中心の問題集（特に中級以上）は数が限られているため、充分な練習ができないのが現状です。

　その必要性を感じ、すでに『中国語リスニングチェック』（日常生活篇）、『中国語リスニングマスター』（旅行・留学篇）の2冊を上梓しましたが、本書はリスニングシリーズの3冊目に当たります。今回は日本と中国をテーマにし、豊富なリスニング練習（全40課、計200題）を通じて、耳の訓練を強化しながら、語彙（成語、慣用語なども多数含む）、文法などの面も補えるように構成されています。

　この本の特徴は、次の3点です。
(1) 各課本文の難易度をA～C（難A、中B、易C）で表示してありますが、リスニング練習はその使い方次第で、初級を終えた方から上級の方まで幅広く使えます（6ページ「本書の効果的な使い方」参照）。
(2) 読み物として用いることで、読解力を養うことができます。
(3) 中国語の検定試験等にも対応できるように配慮してあります。

　リスニング力をつけるための対策として、ぜひ次の2点に力を入れることをお薦めします。
(1) 問題文が読まれるスピードに慣れることです。
　　単語がわかっていても、文になると、読まれるスピードによって、かなり聞きづらいことがあるかもしれません。ですから、学習した箇所は何回も聞いて、耳を鍛えるようにしてください。
(2) 聞くだけではなく、音読も大事な訓練です。
　　各課の本文はぜひ繰り返して音読してください。声に出して読むと、耳も慣れるばかりか、話す力も養われます。

　本書によって、学習者の皆さんが、よりいっそう中国語に興味を持たれ、実力をつけていただければ、著者にとってこれほどの喜びはありません。

2008年4月1日
著　者

目　次

本書の効果的な使い方 ………………………………………………… 6
● 本文 & 問題篇 ………………………………………………………… 7

I　日本文化・日本人
　　Rìběn wénhuà、Rìběnrén

（キーワード）　　難易度（難A・中B・易C）

1	赏樱花	Shǎng yīnghuā	（桜）	B	8
2	登富士	Dēng Fùshì	（富士山）	A	12
3	防地震	Fáng dìzhèn	（地震）	A	16
4	洗温泉	Xǐ wēnquán	（温泉）	A	20
5	做俳句	Zuò páijù	（俳句）	A	24
6	成人节	Chéngrénjié	（着物）	A	28
7	澡堂	Zǎotáng	（銭湯）	A	32
8	庙会	Miàohuì	（祭り）	B	36
9	酒馆儿	Jiǔguǎnr	（居酒屋）	B	40
10	荞麦面	Qiáomàimiàn	（そば）	C	44
11	吃刺身	Chī cìshēn	（刺身）	C	48
12	拜神社	Bài shénshè	（初詣）	A	52
13	忘年会	Wàngniánhuì	（忘年会）	C	56
14	练柔道	Liàn róudào	（柔道）	B	60
15	相扑	Xiāngpū	（相撲）	B	64
16	甲子园	Jiǎzǐyuán	（高校野球）	B	68
17	卡拉ＯＫ	Kǎlā'ōukèi	（カラオケ）	C	72
18	动漫迷	Dòngmàn mí	（アニメ）	B	76
19	拉面	Lāmiàn	（ラーメン）	A	80
20	工作狂	Gōngzuò kuáng	（勤勉）	B	84
21	点头哈腰	Diǎntóu hāyāo	（お辞儀）	C	88
22	国民性格	Guómín xìnggé	（集団行動）	C	92

— 4 —

II 日本人眼里的中国　Rìběnrén yǎnli de Zhōngguó　（キーワード）　難易度（難A・中B・易C）

23	唐诗和学汉语	Tángshī hé xué Hànyǔ	（漢詩）	B	96
24	字谜	Zìmí	（漢字）	C	100
25	读《论语》	Dú《Lúnyǔ》	（論語）	B	104
26	学书法	Xué shūfǎ	（書道）	C	108
27	关帝庙	Guāndìmiào	（三国志）	B	112
28	二胡演奏	Èrhú yǎnzòu	（二胡）	B	116
29	中国电影	Zhōngguó diànyǐng	（中国映画）	B	120
30	乒乓球	Pīngpāngqiú	（卓球）	C	124
31	打麻将	Dǎ májiàng	（麻雀）	C	128
32	迎"七夕"	Yíng "Qīxī"	（七夕）	A	132
33	祝寿	Zhùshòu	（古希）	C	136
34	算命	Suànmìng	（占い）	C	140
35	焰火	Yànhuǒ	（花火）	C	144
36	友好使者	Yǒuhǎo shǐzhě	（パンダ）	B	148
37	饺子	Jiǎozi	（ギョーザ）	B	152
38	喝茶	Hē chá	（ウーロン茶）	C	156
39	女儿红	Nǚ'érhóng	（紹興酒）	C	160
40	团圆饭	Tuányuánfàn	（中華街）	C	164

●重要構文リスト 169

別冊　『リスニング問題　解答篇』

本書の効果的な使い方

※以下のような手順でお使いいただければ、一定の効果が期待できます。

1. 語句（本文の次にあるcheckのページ）をチェックする
2. CDを聞く
3. リスニング問題を解く
4. 答えあわせをする（「別冊解答篇」参照）
5. 本文を見ながら、CDを聞く
6. 解答篇を見ながら、CDを聞く（「別冊解答篇」参照）
7. 本文を音読する
8. 日本語訳をチェックする（「別冊解答篇」参照）
9. CDを聞く
10. 本を見ないで、CDについて本文を言う

※レベルに応じて、次のようにお使いいただければ、いっそう効果的です。

レベル	学習方法
上　　級	本文を見ないで、CDを聞いて問題に答える。
中　　級	あらかじめ単語だけを見て、CDを聞いて問題に答える。
準 中 級	あらかじめ本文を読んでおき、CDを聞いて問題に答える。

※各課の語釈（check 1 ～ 40）は、主に初出の名詞、動詞、形容詞を取り上げ、慣用語、成語、ことわざなども対象としました。

[名] 名詞　　　　[動] 動詞　　　[形] 形容詞
[慣] 慣用語　　　[成] 成語　　　[諺] ことわざ　　　[挨] 挨拶語

※巻末の168、169ページに、本文中の 重要構文 を対象としたリストを付けましたので、併せてご利用ください。

本文 & 問題篇

全40課の本文とリスニング問題付です。

解答と本文の日本語訳は、別冊に収められています。

日本人の学生、社会人、主婦たちが、各課の主人公です。

I 日本文化・日本人

1 赏樱花 Shǎng yīnghuā

难易度 B

星期天我带着¹⁾全家去赏花²⁾。离家不远³⁾
Xīngqītiān wǒ dàizhe quánjiā qù shǎnghuā. Lí jiā bù yuǎn

的地方有一条河，河的两旁长满⁴⁾了
de dìfang yǒu yì tiáo hé, hé de liǎngpáng zhǎngmǎn le

樱花树，这儿是一个有名的赏花景区⁵⁾。
yīnghuā shù, zhèr shì yí ge yǒumíng de shǎnghuā jǐngqū.

那天，这儿挤满⁶⁾了赏花的人。今年也许由于
Nàtiān, zhèr jǐmǎn le shǎnghuā de rén. Jīnnián yěxǔ yóuyú

暖冬的关系，樱花开得比往年早⁷⁾，还不到
nuǎndōng de guānxi, yīnghuā kāide bǐ wǎngnián zǎo, hái bú dào

四月，盛开⁸⁾的樱花已经缀满枝头⁹⁾。
sìyuè, shèngkāi de yīnghuā yǐjing zhuìmǎn zhītóu.

多么美丽的樱花呀¹⁰⁾！如果说这个世界上
Duōme měilì de yīnghuā ya ! Rúguǒ shuō zhège shìjièshang

真的有世外桃源的话¹¹⁾，那么就应当是这儿
zhēnde yǒu shì wài táo yuán dehuà, nàme jiù yīngdāng shì zhèr

了！樱花和其他的花儿不一样，一年之中
le ! Yīnghuā hé qítā de huār bù yíyàng, yì nián zhīzhōng

开花期只有一个星期左右，所以格外招人
kāihuāqī zhǐ yǒu yí ge xīngqī zuǒyòu, suǒyǐ géwài zhāo rén

喜爱¹²⁾。我完全陶醉在美丽的樱花丛中¹³⁾，不
xǐài. Wǒ wánquán táozuìzài měilì de yīnghuā cóng zhōng, bù

知不觉地¹⁴⁾哼起¹⁵⁾那首人人熟悉¹⁶⁾的歌¹⁷⁾：樱花
zhī bù jué de hēngqǐ nà shǒu rénrén shúxī de gē : Yīnghuā

— 8 —

呀，樱花呀，阳春三月天空里……。当我兴致[18)]正浓时，孩子却喊着要吃这个[19)]，要吃那个，妻子[20)]也[21)]无心赏花，热中于[22)]小吃摊儿[23)]，真让人扫兴[24)]。我抱怨起来[25)]："好不容易[26)]一年就这么一次，好好儿看看花儿不行吗？"可是他们谁都不听。今天本想远离世俗，接受一下[27)]大自然的洗礼，嗐，没想到……。不过，想想也是，平时我一人在外也总是借故[28)]吃喝，今天如果不让家人解解馋[29)]，一定会遭"围攻"[30)]。

Check 1

【赏樱花 Shǎng yīnghuā】（桜を見る）

p. 8

1) **带** dài：［動］引き連れる．率いる
2) **全家** quánjiā：［名］家族全員
3) **赏花** shǎng//huā：［動］花見をする
4) **长满** zhǎngmǎn：いっぱいに植っている
5) **景区** jǐngqū：［名］景勝地
6) **挤满** jǐmǎn：混みあっている
7) **往年** wǎngnián：［名］例年
8) **盛开** shèngkāi：［動］満開になる
9) **缀满枝头** zhuìmǎn zhītóu：枝いっぱいに花をつけている
10) **美丽** měilì：［形］（女性や景色が）美しい
11) **世外桃源** shì wài táo yuán：［成］別天地．桃源郷
12) **招人喜爱** zhāo rén xǐ'ài：人に愛される
13) **丛** cóng：草むら．茂み
14) **不知不觉** bù zhī bù jué：［成］知らず知らずのうちに
15) **哼** hēng：［動］鼻歌を歌う
16) **人人** rénrén：［名］誰もが．どの人も
17) **熟悉** shúxī：［動］よく知っている．よく知られている

p. 9

18) **兴致** xìngzhì：［名］興味
19) **喊** hǎn：［動］叫ぶ．大声を出す
20) **妻子** qīzi：［名］妻
21) **无心** wúxīn：［動］（ある事柄を）する気になれない．したくない
22) **热中于** rèzhōngyú：〜に夢中になる．〜に熱中する
23) **小吃摊儿** xiǎochī tānr：［名］軽食の屋台
24) **扫兴** sǎo//xìng：［動］興ざめする．興をそがれる
25) **抱怨** bàoyuàn：［動］不満を言う
26) **好不容易** hǎoburóngyì：［慣］やっとのことで．どうやらこうやら
27) **接受** jiēshòu：［動］受け入れる
28) **借故** jiègù：［動］口実を設ける
29) **解馋** jiě//chán：［動］おいしいもので食欲を満たす
30) **遭围攻** zāo wéigōng：一斉に非難される．総攻撃を仕掛けられる

問1 中国語を聞いて、それぞれの質問に対してⓐ～ⓓの中から最も適当なものを1つ選びなさい。

(1) 在离家不远的地方有个什么景区？
   ⓐ
   ⓑ
   ⓒ
   ⓓ

(2) 今年为什么樱花开得比往年早？
   ⓐ
   ⓑ
   ⓒ
   ⓓ

(3) 樱花一年开多长时间？
   ⓐ
   ⓑ
   ⓒ
   ⓓ

(4) 赏花时妻子热中于什么？
   ⓐ
   ⓑ
   ⓒ
   ⓓ

(5) 他对妻子和孩子说了什么抱怨的话？
   ⓐ
   ⓑ
   ⓒ
   ⓓ

➡ 解答は、解答篇 p1

2 登富士 Dēng Fùshì

难易度 A

上个星期我第一次爬上了富士山。富士山
Shàng ge xīngqī wǒ dìyī cì páshàng le Fùshìshān. Fùshìshān

是日本的象征，也是日本人的一个骄傲，
shì Rìběn de xiàngzhēng, yě shì Rìběnrén de yí ge jiāo'ào,

所以我很想爬一次。
suǒyǐ wǒ hěn xiǎng pá yí cì.

那天我在山脚下坐上观光汽车来到
Nàtiān wǒ zài shānjiǎo xià zuòshàng guānguāng qìchē láidào

半山腰儿，然后下车从山腰向山顶一步一
bànshānyāor, ránhòu xiàchē cóng shānyāo xiàng shāndǐng yí bù yí

步地爬起来，心情很激动，有点儿像当年爬
bù de páqǐlai, xīnqíng hěn jīdòng, yǒudiǎnr xiàng dāngnián pá

中国的泰山，浑身有用不完的劲儿。这座被
Zhōngguó de Tàishān, húnshēn yǒu yòngbuwán de jìnr. Zhè zuò bèi

称做"灵峰"的山对我来说更有魅力，不
chēngzuò "língfēng" de shān duì wǒ láishuō gèng yǒu mèilì, bù

爬到山顶我是绝不会罢休的！我下定
pádào shāndǐng wǒ shì jué bú huì bàxiū de! Wǒ xiàdìng

决心，向山顶冲去。越接近山顶，山坡越
juéxīn, xiàng shāndǐng chōngqu. Yuè jiējìn shāndǐng, shānpō yuè

陡，累得我上气不接下气，在其他一起爬山
dǒu, lèide wǒ shàngqì bù jiē xiàqì, zài qítā yìqǐ páshān

同伴儿的鼓励下，我终于爬上了山顶。俯瞰
tóngbànr de gǔlì xià, wǒ zhōngyú páshàng le shāndǐng. Fǔkàn

— 12 —

山下，只见 富士山 被 迷雾 笼罩着，看不清 是 什么
shānxià, zhǐjiàn Fùshìshān bèi míwù lǒngzhàozhe, kànbuqīng shì shénme
面目，我们 走进 山上 的 木屋里 歇息，准备 迎接
miànmù, wǒmen zǒujìn shānshang de mùwūli xiēxi, zhǔnbèi yíngjiē
次日 黎明 后 初升 的 太阳。
cìrì límíng hòu chūshēng de tàiyang.

第二 天 一早，我 揉着 刚刚 睡醒 的 眼睛
Dì'èr tiān yìzǎo, wǒ róuzhe gānggāng shuìxǐng de yǎnjing
走出 木屋，只见 东方 云海 由 蓝 变红，一轮
zǒuchū mùwū, zhǐjiàn dōngfāng yúnhǎi yóu lán biàn hóng, yì lún
红日 喷薄 而 出，我 被 这 大自然 的 神奇 壮观
hóngrì pēnbó ér chū, wǒ bèi zhè dàzìrán de shénqí zhuàngguān
的 景色 深深 地 打动 了，不觉 感到 平时 常 因
de jǐngsè shēnshēn de dǎdòng le, bùjué gǎndào píngshí cháng yīn
一点儿 小事 就 苦恼 的 自己 是 多么 地 渺小！
yìdiǎnr xiǎoshì jiù kǔnǎo de zìjǐ shì duōme de miǎoxiǎo!

Check 2

【登富士 Dēng Fùshì】（富士山に登る）

p. 12

1) **爬** pá：[動] 登る
2) **骄傲** jiāo'ào：[名] 誇り
3) **山脚** shānjiǎo：[名] 山すそ．ふもと
4) **半山腰儿** bànshānyāor：[名] 山の中腹
5) **激动** jīdòng：[形] 興奮する
6) **当年** dāngnián：[名] 昔
7) **泰山** Tàishān：[名] 泰山（たいざん）、山東省にある中国五岳の一つ
8) **劲儿** jìnr：[名] 力．パワー
9) **灵峰** língfēng：[名] 霊峰
10) **罢休** bàxiū：[動] やめにする．あきらめる
11) **下定决心** xiàdìng juéxīn：決意を固める
12) **冲** chōng：[動] 突き進む
13) **山坡** shānpō：[名] 山の斜面
14) **陡** dǒu：[形] （傾斜が）急である．険しい
15) **上气不接下气** shàngqì bù jiē xiàqì：息が上がる
16) **鼓励** gǔlì：[動] 励ます
17) **俯瞰** fǔkàn：[動] 俯瞰（ふかん）する．見下ろす

p. 13

18) **只见** zhǐjiàn：[動] ふと見る
19) **迷雾** míwù：[名] 濃い霧
20) **笼罩** lǒngzhào：[動] （かごのように）上からすっぽり覆う
21) **面目** miànmù：[名] 姿．外観
22) **歇息** xiēxi：[動] 休憩する
23) **黎明** límíng：[名] 夜明け．明け方
24) **揉** róu：[動] （手のひらで体を）こする．さする
25) **喷薄而出** pēnbó ér chū：（太陽が）勢いよく顔を出す
26) **神奇** shénqí：[形] たいへん不思議である
27) **壮观** zhuàngguān：[形] 壮観である
28) **打动** dǎdòng：[動] 感動させる．心を打つ
29) **渺小** miǎoxiǎo：[形] （人物が）小さい．取るに足らない

問2 　中国語を聞いて、それぞれの質問に対してⓐ～ⓓの中から最も適当なものを１つ選びなさい。

（1） 日本的象征是什么？
  ⓐ
  ⓑ
  ⓒ
  ⓓ

（2） 她是从什么地方开始爬山的？
  ⓐ
  ⓑ
  ⓒ
  ⓓ

（3） 她一边爬山一边决定要做什么？
  ⓐ
  ⓑ
  ⓒ
  ⓓ

（4） 为什么在山顶上看不清周围的景色？
  ⓐ
  ⓑ
  ⓒ
  ⓓ

（5） 第二天一早她被什么打动了？
  ⓐ
  ⓑ
  ⓒ
  ⓓ

➡ 解答は、解答篇 p 2

3 防地震 Fáng dìzhèn

十年前我从老家考上了东京的大学。出发前奶奶总唠叨："去东京遇到地震可不是闹着玩儿的，在房间时要钻到桌子底下，在外边儿要绕开地铁和高层建筑。"每当这时，我都不耐烦地说："不用担心，您这是杞人忧天！"离家来到东京后，我住进了大学的宿舍。一天夜里，突然真的发生了地震，房屋剧烈地摇晃起来，吓得我出了一身冷汗，心想："这下可完了！"但没过一会儿地震就过去了。打开电视一看，才知道是五级地震，震源在千叶县。这次地震后，我觉得"有备无患"这句话说得对，

应该 准备 一些 防灾 用品。于是，我 买来 了 手电筒、收音机、矿泉水、日常 医药品 等，还 利用 休息 时间，参加 了 街道 组织 的 防灾 活动，懂得 了 震灾 来 时，首先 要 保护好 头部 和 身体，然后 再 关上 电源 和 火源。还 通过 模拟 演习，学会 了 灭火器 的 用法 和 人工 呼吸 抢救法。从 那 以后 虽然 又 遇到 了 几 次 地震，但 再 也 不 像 第一 次 那么 慌张 了。

都说 日本 有 四 大 怕：地震、打雷、火灾、老爷子。我 看，哪个 都 比不上 地震 可怕。不过 对于 新婚 不久 的 我 来说，比 地震 更 可怕 的 恐怕 还是 老婆 呀！

Check 3

【防地震 Fáng dìzhèn】（地震に備える）

p. 16

1) **老家** lǎojiā：［名］実家．郷里
2) **奶奶** nǎinai：［名］（父方の）祖母
3) **唠叨** láodao：［動］（多く年寄りが）ぶつぶつ言う．くどくど言う
4) **遇到** yùdào：（人や事故事件に偶然に）出会う．出くわす
5) **闹着玩儿** nàozhe wánr：［慣］ふざける．からかう
6) **钻** zuān：［動］もぐり込む．入り込む
7) **绕开** ràokāi：［動］迂回する．避ける
8) **耐烦** nàifán：［形］面倒をいとわない．辛抱強い
9) **担心** dān//xīn：［動］心配する
10) **杞人忧天** Qǐ rén yōu tiān：［成］杞憂（きゆう）．取り越し苦労
11) **剧烈** jùliè：［形］（動きが）激しい
12) **摇晃** yáohuang：［動］（左右・前後に）揺れる．ぐらぐらする
13) **吓** xià：［動］驚く．怖がる
14) **完** wán：［動］（命などが）尽きる
15) **打开** dǎkāi：［動］（電気製品の）電源を入れる
16) **有备无患** yǒu bèi wú huàn：［成］備えあれば憂いなし

p. 17

17) **手电筒** shǒudiàntǒng：［名］懐中電灯
18) **收音机** shōuyīnjī：［名］ラジオ
19) **矿泉水** kuàngquánshuǐ：［名］ミネラルウオーター
20) **街道** jiēdào：［名］町内
21) **懂得** dǒngde：［動］わかる．理解する
22) **关上** guānshàng：（スイッチを）切る．（火を）止める
23) **模拟演习** mónǐ yǎnxí：［名］予行演習
24) **慌张** huāngzhāng：［形］慌てている
25) **老爷子** lǎoyézi：［名］（年をとった男性を尊敬して言う場合の）お年寄り
26) **比不上** bǐbushàng：及ばない．かなわない
27) **可怕** kěpà：［形］恐ろしい．怖い
28) **老婆** lǎopo：［名］女房

A 7

問3 中国語を聞いて、それぞれの質問に対してⓐ～ⓓの中から最も適当なものを1つ選びなさい。

(1) 去东京上大学时，奶奶担心他什么？
   ⓐ _____
   ⓑ _____
   ⓒ _____
   ⓓ _____

(2) 遇到地震时，他想什么了？
   ⓐ _____
   ⓑ _____
   ⓒ _____
   ⓓ _____

(3) 地震后，他觉得哪句话说得对？
   ⓐ _____
   ⓑ _____
   ⓒ _____
   ⓓ _____

(4) 利用休息时间他参加了什么活动？
   ⓐ _____
   ⓑ _____
   ⓒ _____
   ⓓ _____

(5) 他觉得"四大怕"中什么最可怕？
   ⓐ _____
   ⓑ _____
   ⓒ _____
   ⓓ _____

➡ 解答は、解答篇 p 3

— 19 —

4 洗温泉　Xǐ wēnquán

前几天电视上报道了一个介绍全国各地温泉的专题节目，引起我想抛开繁忙的工作去洗洗温泉的冲动。看完电视节目后，我忍不住马上约了一个中国朋友，去了一家温泉旅馆。那位中国朋友满怀好奇兴致勃勃地随我去洗温泉。我们俩一进旅馆，就换上了日式浴衣去泡温泉。那是个露天浴池，放眼望去，对面的山上满山遍野都是红叶，我们不约而同地喊道："啊，简直是个仙境！太享受了！"

洗完温泉，我们换上木屐一起去附近逛特产店，回到旅馆又一起吃饭，聊家常，还请

人 做 按摩[21)]，舒舒服服[22)] 地 过 了 一 整天。第二 天[23)]
rén zuò ànmó, shūshufúfú de guò le yì zhěngtiān. Dì'èr tiān

我们 离开 旅馆，坐上 了 回家 的 汽车，在 车上，
wǒmen líkāi lǚguǎn, zuòshàng le huíjiā de qìchē, zài chēshang,

中国 朋友 说："来 日本 住过 几 次 饭店，但 住
Zhōngguó péngyou shuō: "Lái Rìběn zhùguo jǐ cì fàndiàn, dàn zhù

日本 温泉 旅馆 还是 第一 次。穿 和服[24)]，吃 海鲜，
Rìběn wēnquán lǚguǎn háishi dìyī cì. Chuān héfú, chī hǎixiān,

喝 清酒，睡 榻榻米[25)]，感觉 太 棒[26)] 了！以后 有
hē qīngjiǔ, shuì tàtàmǐ, gǎnjué tài bàng le! Yǐhòu yǒu

机会 还 想 来 享受享受。"
jīhuì hái xiǎng lái xiǎngshòuxiǎngshòu."

没 想到 这次 温泉 之 行 会 给 一 个 异国[27)]
Méi xiǎngdào zhècì wēnquán zhī xíng huì gěi yí ge yìguó

朋友 这么 深 的 感受[28)]，这 反倒 使 我 意识到[29)]
péngyou zhème shēn de gǎnshòu, zhè fǎndào shǐ wǒ yìshídào

自己 国家 的 有些 文化 习俗 也许 很 独特、很
zìjǐ guójiā de yǒuxiē wénhuà xísú yěxǔ hěn dútè, hěn

珍贵[30)]。
zhēnguì.

Check 4

【洗温泉 Xǐ wēnquán】（温泉に入る）

p. 20

1）**专题节目** zhuāntí jiémù：[名] 特別番組
2）**抛** pāo：[動] 放り出す．投げ出す
3）**引起冲动** yǐnqǐ chōngdòng：衝動に駆られる
4）**忍不住** rěnbuzhù：耐えられない．がまんできない
5）**约** yuē：[動]（人を）誘う
6）**满怀好奇** mǎnhuái hàoqí：好奇心を胸いっぱいに抱く
7）**兴致勃勃** xìngzhì bóbó：興味津々である
8）**随** suí：[動] 同伴する
9）**日式浴衣** Rìshì yùyī：[名] 浴衣
10）**泡** pào：[動]（湯に）つかる
11）**露天浴池** lùtiān yùchí：[名] 露天風呂
12）**放眼望去** fàngyǎn wàngqu：遠くの景色を眺める．見渡す
13）**满山遍野** mǎn shān biàn yě：[成] 野山一面
14）**红叶** hóngyè：[名] 紅葉
15）**不约而同** bù yuē ér tóng：[成] 期せずして一致する
16）**仙境** xiānjìng：[名]（景色の美しい場所）仙境
17）**享受** xiǎngshòu：[動] 享受する．楽しむ
18）**木屐** mùjī：[名] 下駄
19）**逛特产店** guàng tèchǎndiàn：土産物屋を見て回る
20）**聊家常** liáo jiācháng：世間話をする

p. 21

21）**做按摩** zuò ànmó：マッサージをする
22）**舒舒服服** shūshufúfú：[形] 快適である
23）**整天** zhěngtiān：[名] 一日じゅう
24）**海鲜** hǎixiān：[名] 生鮮魚介類
25）**榻榻米** tàtàmǐ：[名] たたみ
26）**棒** bàng：[形] 優れている．すばらしい
27）**异国** yìguó：[名] 異国．外国
28）**感受** gǎnshòu：[名] 印象．感想
29）**意识** yìshí：[動] 気づく．はっきりと知る
30）**珍贵** zhēnguì：[形] 貴重である

問4 中国語を聞いて、それぞれの質問に対して ⓐ～ⓓ の中から最も適当なものを1つ選びなさい。

（1）前几天她看了介绍什么的电视节目？
　　ⓐ
　　ⓑ
　　ⓒ
　　ⓓ

（2）她们到了旅馆先做什么？
　　ⓐ
　　ⓑ
　　ⓒ
　　ⓓ

（3）对面的山上满山遍野都是什么？
　　ⓐ
　　ⓑ
　　ⓒ
　　ⓓ

（4）洗完温泉她们去哪儿逛了？
　　ⓐ
　　ⓑ
　　ⓒ
　　ⓓ

（5）什么给异国的朋友很深的感受？
　　ⓐ
　　ⓑ
　　ⓒ
　　ⓓ

➡ 解答は、解答篇 p 4

5 做俳句 Zuò páijù

我从去年去听俳句讲座,开始学做俳句。老师的做法是先提出一些题目,让学生们围绕题目做,每节课发表几首,一首一首地给予讲评。

报名前,我很担心自己语言表现能力差,写不好。但老师鼓励我:"其实不难,只要平时多留心观察身边的小事,谁都会做。"听了老师的话,我信心增强了,心情也轻松多了。从那以后我时时处处都注意观察,发现生活中可以引作俳句的题材确实很多。散步时屋檐儿下唱歌的小鸟儿、买菜时商店前摆满的瓜果蔬菜、春天的花香、夏天

— 24 —

的 星光、秋天 的 落叶、冬天 的 寒风……，还有人们 伴随着 这 斗 转 星 移 的 岁月 而 产生 的 喜 怒 哀 乐。这些 取 之 不 尽，用 之 不 竭 的 创作 源泉，使 我 完全 沉浸在 编写 俳句 的 浓郁 兴致 之中。现在 我 已经 能够 比较 轻松 自如 地 用 俳句 的 形式 表达 感受，真 想 有 朝 一 日 能 和 志 同 道 合 的 师友们 共同 编辑 出版 一 本 俳句 集。

另外，我 还 在 学习 汉语，梦想着 把 自己 的 作品 用 汉语 介绍给 中国 朋友。当 这个 梦想 真正 实现 时，那 该 是 一 件 多么 令 人 高兴 的 事儿 啊！

Check 5

【做俳句 Zuò páijù】（俳句をひねる）

p. 24

1) **围绕** wéirào：［動］（テーマを）巡る
2) **给予讲评** jǐyǔ jiǎngpíng：講評する
3) **报名** bào//míng：［動］申し込む
4) **差** chà：［形］拙い．劣っている
5) **留心** liú//xīn：［動］気にかける．心にとめる
6) **身边** shēnbiān：［名］身のまわり
7) **信心** xìnxīn：［名］自信
8) **轻松** qīngsōng：［形］気楽である．リラックスしている
9) **时时处处** shíshí chùchù：いつでもどこでも
10) **发现** fāxiàn：［動］（今まで気がつかなかった事に）気づく．感づく
11) **屋檐儿** wūyánr：［名］軒
12) **瓜果蔬菜** guāguǒ shūcài：［名］野菜や果物

p. 25

13) **伴随** bànsuí：［動］伴って（〜する）．つれて（〜する）
14) **斗转星移** dǒu zhuǎn xīng yí：［成］時間が流れるたとえ
15) **产生** chǎnshēng：［動］（いままでなかったものが）生れる．生じる
16) **取之不尽，用之不竭** qǔ zhī bú jìn, yòng zhī bù jié：［成］いくらでもある．無尽蔵である
17) **沉浸** chénjìn：［動］（感情に）浸る
18) **编写** biānxiě：［動］（書物を）編纂（へんさん）する．書く
19) **浓郁** nóngyù：［形］（文学の特色などが）濃厚である．強烈である
20) **自如** zìrú：思いのままである．自由自在である
21) **表达** biǎodá：［動］（考え・気持ちを）表わす
22) **有朝一日** yǒu zhāo yí rì：［成］いつの日にか
23) **志同道合** zhì tóng dào hé：［成］志が同じで進む道が同じである
24) **师友** shīyǒu：［名］先生と友人
25) **编辑** biānjí：［動］編集する
26) **梦想** mèngxiǎng：［動］強く願う．夢見る

問5　中国語を聞いて、それぞれの質問に対してⓐ～ⓓの中から最も適当なものを1つ選びなさい。

(1) 参加俳句讲座，他担心什么？
　　ⓐ
　　ⓑ
　　ⓒ
　　ⓓ

(2) 听了老师的话，他心情怎么样？
　　ⓐ
　　ⓑ
　　ⓒ
　　ⓓ

(3) 他觉得屋檐儿下的什么可以引作俳句？
　　ⓐ
　　ⓑ
　　ⓒ
　　ⓓ

(4) 他想编辑出版一本什么书？
　　ⓐ
　　ⓑ
　　ⓒ
　　ⓓ

(5) 他梦想着把自己的作品用汉语介绍给谁？
　　ⓐ
　　ⓑ
　　ⓒ
　　ⓓ

➡ 解答は、解答篇 p 5

6　成人节　Chéngrénjié

今年 我 20 岁，参加 了 市 政府 举办 的
Jīnnián wǒ èrshí suì, cānjiā le shì zhèngfǔ jǔbàn de

成人节 典礼。好久 没 穿 和服 了，那天 我 可
Chéngrénjié diǎnlǐ. Hǎojiǔ méi chuān héfú le, nàtiān wǒ kě

好好儿 地 过 了 一 回 瘾。其实 一 开始 我 只
hǎohāor de guò le yì huí yǐn. Qíshí yì kāishǐ wǒ zhǐ

想 穿 西服，可 父母 不 答应，最后 只好 依 了
xiǎng chuān xīfú, kě fùmǔ bù dāying, zuìhòu zhǐhǎo yī le

他们。当天 一大早，我 先 去 发廊 做头，然后 去
tāmen. Dàngtiān yídàzǎo, wǒ xiān qù fàláng zuòtóu, ránhòu qù

和服 租赁店 请 美容师 帮着 穿 和服，等 一切 都
héfú zūlìndiàn qǐng měiróngshī bāngzhe chuān héfú, děng yíqiè dōu

打扮好 后，才 和 同龄 的 朋友们 一起 去
dǎbanhǎo hòu, cái hé tónglíng de péngyoumen yìqǐ qù

庆典 会场。和服 虽然 高雅、漂亮，但 不 像 便装
qìngdiǎn huìchǎng. Héfú suīrán gāoyǎ, piàoliang, dàn bú xiàng biànzhuāng

那么 随便，下摆 窄小，步 不 能 迈大，上身 紧
nàme suíbiàn, xiàbǎi zhǎixiǎo, bù bù néng màidà, shàngshēn jǐn

束，饭 不 敢 多 吃。男 朋友 见到 我，笑嘻嘻
shù, fàn bù gǎn duō chī. Nán péngyou jiàndào wǒ, xiàoxīxī

地 打趣儿 说："都说 人 是 衣裳，马 是 鞍。这
de dǎqùr shuō: "Dōushuō rén shì yīshang, mǎ shì ān. Zhè

话 有 点儿 道理。"我 毫 不 客气 地 回敬 他：
huà yǒu diǎnr dàolǐ." Wǒ háo bú kèqi de huíjìng tā:

"是不是 觉得 有点儿 配不上 了？那 就 加 把 劲儿
"Shìbushì juéde yǒudiǎnr pèibushàng le？Nà jiù jiā bǎ jìnr

吧！"
ba！"

那天 我 在 成人节上 得到 了 许多 亲朋
Nàtiān wǒ zài Chéngrénjiéshang dédào le xǔduō qīnpéng

好友 的 祝福 和 赞美，应该 说 典雅、美丽 的
hǎoyǒu de zhùfú hé zànměi, yīnggāi shuō diǎnyǎ, měilì de

和服 为此 立下 了 不 小 的 功劳。
héfú wèicǐ lìxià le bù xiǎo de gōngláo.

我 的 一 个 中国 留学生 朋友 也 赶到
Wǒ de yí ge Zhōngguó liúxuéshēng péngyou yě gǎndào

会场 来 为 我 祝福。她 说 在 中国，18 岁
huìchǎng lái wèi wǒ zhùfú. Tā shuō zài Zhōngguó, shíbā suì

就 算 成人 了。她 还 说，其实 和服 来自
jiù suàn chéngrén le. Tā hái shuō, qíshí héfú láizì

中国 唐代 的 宫廷 服装，因为 透气性 强，适合
Zhōngguó Tángdài de gōngtíng fúzhuāng, yīnwèi tòuqìxìng qiáng, shìhé

气候 潮湿 的 日本，所以 后来 被 日本人 接受，
qìhòu cháoshī de Rìběn, suǒyǐ hòulái bèi Rìběnrén jiēshòu,

漂 洋 过 海，在 日本 安 家 落 户 了。不知
piāo yáng guò hǎi, zài Rìběn ān jiā luò hù le. Bùzhī

这个 说法 是不是 真 的？
zhège shuōfǎ shìbushì zhēn de？

Check 6

【成人节 Chéngrénjié】（成人の日）

p. 28

1）**市政府** shì zhèngfǔ：［名］都庁、県庁などの役所
2）**举办** jǔbàn：［動］（催し物を）挙行する．開催する
3）**典礼** diǎnlǐ：［名］式典
4）**过瘾** guò//yǐn：［動］堪能する．十分に満足する
5）**西服** xīfú：［名］スーツ
6）**答应** dāying：［動］承諾する
7）**依** yī：［動］従う．言うことをきく
8）**发廊** fàláng：［名］美容院
9）**做头** zuò//tóu：［動］（美容院で）髪型を整える
10）**租赁店** zūlìndiàn：［名］レンタル店
11）**打扮** dǎban：［動］着飾る．装う
12）**庆典** qìngdiǎn：［名］祝典
13）**高雅** gāoyǎ：［形］上品で優雅である
14）**便装** biànzhuāng：［名］普段着
15）**下摆窄小** xiàbǎi zhǎixiǎo：裾が狭い
16）**迈大** màidà：大股で歩く
17）**上身紧束** shàngshēn jǐn shù：上半身がきつい
18）**笑嘻嘻** xiàoxīxī：［形］（笑うべきでないのに不真面目に）にたにたと笑っている
19）**打趣儿** dǎ//qùr：［動］からかう．冷やかす
20）**人是衣裳，马是鞍** rén shì yīshang, mǎ shì ān：［諺］馬子にも衣装
21）**客气** kèqi：［動］遠慮する
22）**回敬** huíjìng：［動］仕返しをする．やり返す

p. 29

23）**配不上** pèibushàng：劣る．及ばない．釣り合わない
24）**加劲儿** jiā//jìnr：［動］精を出す．頑張る
25）**亲朋好友** qīnpéng hǎoyǒu：［名］親戚や友人
26）**算** suàn：［動］（特定のものを～であると）見なす．認める
27）**来自** láizì：［動］～から来る
28）**适合** shìhé：［動］合致する
29）**漂洋过海** piāo yáng guò hǎi：［成］はるばると海を渡って外国へ行く
30）**安家落户** ān jiā luò hù：［成］（他郷に）居を構える．住みつく

— 30 —

問6

中国語を聞いて、それぞれの質問に対して ⓐ～ⓓ の中から最も適当なものを1つ選びなさい。

（1）成人节时她开始想穿什么服装？
　　ⓐ _____
　　ⓑ _____
　　ⓒ _____
　　ⓓ _____

（2）当天一大早她去发廊做什么？
　　ⓐ _____
　　ⓑ _____
　　ⓒ _____
　　ⓓ _____

（3）男朋友和她打趣儿说什么？
　　ⓐ _____
　　ⓑ _____
　　ⓒ _____
　　ⓓ _____

（4）在中国多大算成人？
　　ⓐ _____
　　ⓑ _____
　　ⓒ _____
　　ⓓ _____

（5）中国朋友说和服来自哪儿？
　　ⓐ _____
　　ⓑ _____
　　ⓒ _____
　　ⓓ _____

➡ 解答は、解答篇 p 6

7 澡堂 Zǎotáng

我 这个 人 不 抽烟 不 喝酒, 只 有 一 个
Wǒ zhège rén bù chōuyān bù hējiǔ, zhǐ yǒu yí ge

乐趣1), 就是 泡澡2)。一年 四季 不管 春 夏 秋 冬,
lèqù, jiùshì pàozǎo. Yìnián sìjì bùguǎn chūn xià qiū dōng,

每天 吃完 晚饭 都 去 离 家 不 远 的 澡堂3)
měitiān chīwán wǎnfàn dōu qù lí jiā bù yuǎn de zǎotáng

泡澡, 不然 就 睡不好 觉。
pàozǎo, bùrán jiù shuìbuhǎo jiào.

每天 晚上 一 钻进 澡堂 的 大门 帘儿4), 就 能
Měitiān wǎnshang yì zuānjìn zǎotáng de dàmén liánr, jiù néng

听见 老板娘5) 那 热情6)、熟悉 的 声音:"欢迎, 里面
tīngjiàn lǎobǎnniáng nà rèqíng, shúxī de shēngyīn: "Huānyíng, lǐmiàn

请!" 在 澡堂里, 总 能 见到 很 多 左 邻 右
qǐng!" Zài zǎotánglǐ, zǒng néng jiàndào hěn duō zuǒ lín yòu

舍7), 大家 亲热8) 地 相互 问候9):"今天 忙 不 忙?"
shè, dàjiā qīnrè de xiānghù wènhòu: "Jīntiān máng bu máng?"

"最近 太 热 了!"…… 人们 洗着, 聊着10), 无 拘
"Zuìjìn tài rè le!" …… Rénmen xǐzhe, liáozhe, wú jū

无 束11), 有些 老人 手脚 不 方便, 好心 的 晚辈们12)
wú shù, yǒuxiē lǎorén shǒujiǎo bù fāngbiàn, hǎoxīn de wǎnbèimen

就 像 对待13) 自家 的 亲人14) 一样 主动15) 给 他们
jiù xiàng duìdài zìjiā de qīnrén yíyàng zhǔdòng gěi tāmen

搓背16), 其 乐 融 融17)。 在 那里 还 能 听到 四面 八方18)
cuōbèi, qí lè róng róng. Zài nàli hái néng tīngdào sìmiàn bāfāng

的 小道 消息: 某某 退休 了, 在 家 看 孙子 了;
de xiǎodào xiāoxi: Mǒumǒu tuìxiū le, zài jiā kān sūnzi le;

某某 牙科 大夫 态度 热情, 看 牙 不 疼; 某某
Mǒumǒu yákē dàifu tàidu rèqíng, kàn yá bù téng; Mǒumǒu

菜摊儿 的 蔬菜 又 新鲜 又 便宜 等等。 澡堂 可
càitānr de shūcài yòu xīnxiān yòu piányi děngděng. Zǎotáng kě

真 是 一 个 不 可 多 得 的 社交 场所。
zhēn shì yí ge bù kě duō dé de shèjiāo chǎngsuǒ.

这个 澡堂 虽然 不 大, 但 看上去 很 敞亮。
Zhège zǎotáng suīrán bú dà, dàn kànshàngqu hěn chǎngliàng.

正面 墙 是 一 幅 风景画, 画风 纯朴, 但 气势
Zhèngmiàn qiáng shì yì fú fēngjǐnghuà, huàfēng chúnpǔ, dàn qìshì

磅礴。 一 片 碧蓝 的 大海, 海面上 飘荡着 点点
pángbó. Yí piàn bìlán de dàhǎi, hǎimiànshang piāodàngzhe diǎndiǎn

船帆, 彼岸上 耸立着 巍峨 的 富士山, 泡在 下面
chuánfān, bǐ'ànshang sǒnglìzhe wēi'é de Fùshìshān, pàozài xiàmian

池塘 的 人, 犹如 泡在 一 望 无 际 的 海洋里,
chítáng de rén, yóurú pàozài yí wàng wú jì de hǎiyángli,

令 人 心 旷 神 怡。 劳累 了 一 天 之后, 去
lìng rén xīn kuàng shén yí. Láolèi le yì tiān zhīhòu, qù

泡泡 澡, 真 是 一 个 绝妙 的 享受。
pàopao zǎo, zhēn shì yí ge juémiào de xiǎngshòu.

Check 7

【澡堂 Zǎotáng】（銭湯）

p. 32

1) **乐趣** lèqù：［名］楽しみ
2) **泡澡** pào//zǎo：［動］風呂に入る
3) **澡堂** zǎotáng：［名］銭湯
4) **大门帘儿** dàmén liánr：［名］暖簾
5) **老板娘** lǎobǎnniáng：［名］（店の）おかみ
6) **热情** rèqíng：［形］心をこめている．親切である
7) **左邻右舍** zuǒ lín yòu shè：［成］隣近所
8) **亲热** qīnrè：［形］仲むつまじい．親しげである
9) **问候** wènhòu：［動］ご機嫌を伺う．挨拶する
10) **聊** liáo：［動］雑談する．世間話をする
11) **无拘无束** wú jū wú shù：［成］自分の思うままにのんびりする
12) **晚辈** wǎnbèi：［名］（世代が）目下の者．若輩
13) **对待** duìdài：［動］応対する．対する
14) **亲人** qīnrén：［名］肉親．身内
15) **主动** zhǔdòng：［形］自発的である．主体的である
16) **搓背** cuō//bèi：［動］背中を流す
17) **其乐融融** qí lè róng róng：［成］打ち解けあっている．和気あいあいである
18) **四面八方** sìmiàn bāfāng：［慣］四方八方

p. 33

19) **小道消息** xiǎodào xiāoxi：［名］巷のうわさ
20) **看孙子** kān sūnzi：孫の面倒を見る
21) **不可多得** bù kě duō dé：［成］なかなか手に入れられない．得がたい
22) **敞亮** chǎngliàng：［形］（家屋が）広くして明るい
23) **气势磅礴** qìshì pángbó：（絵や文章などが）大いに迫力がある
24) **飘荡** piāodàng：［動］（船などが水面で）ゆらゆら揺れる．漂う
25) **巍峨** wēi'é：［形］高々とそびえている
26) **池塘** chítáng：［名］（銭湯の）湯船
27) **犹如** yóurú：［動］まるで～のようである
28) **一望无际** yí wàng wú jì：［成］見渡す限り果てしない
29) **心旷神怡** xīn kuàng shén yí：［成］心がのびのびして愉快である
30) **劳累** láolèi：［形］働いて疲れる

A 15

問7 中国語を聞いて、それぞれの質問に対してⓐ～ⓓの中から最も適当なものを1つ選びなさい。

（1）他每天如果不洗澡就会怎么样？
　　ⓐ
　　ⓑ
　　ⓒ
　　ⓓ

（2）老板娘迎接客人时说什么？
　　ⓐ
　　ⓑ
　　ⓒ
　　ⓓ

（3）澡堂里晚辈们帮老人做什么？
　　ⓐ
　　ⓑ
　　ⓒ
　　ⓓ

（4）澡堂是个不可多得的什么场所？
　　ⓐ
　　ⓑ
　　ⓒ
　　ⓓ

（5）澡堂的正面墙上是什么？
　　ⓐ
　　ⓑ
　　ⓒ
　　ⓓ

➡ 解答は、解答篇 p 7

8 庙会 Miàohuì

一个刚探亲回来的朋友和我聊起了她老家的庙会。她的老家在乡下，每年都要举行庙会，已经有很长历史了。我问她："你在庙会上担任什么角色？"她说："是打鼓的。"我惊讶地说："你能打鼓？真了不起！"她看着我一副不相信的样子，就接着说："我可是从小就学的，每年一回到老家就和乡亲们一起练，准备迎接庙会。"我又问："你小时候就关心庙会吗？"她滔滔不绝地谈起幼年时的情况："村子里从前就设有专门的场地练习跳舞、打鼓、吹笛子，大人们在旁

指导,孩子们像玩儿游戏,嬉闹中就学会了。"我说:"那你将来有了孩子,也让他学吗?"她想都没想就说:"那当然了!通过庙会,可以增强人与人的交流,还可以学到表现自我的能力。"她还说:"全村上下老小人人都期盼着一年一度的庙会,大家总是齐心合力,使每次都办得很成功。"我被她那喜爱家乡庙会的情绪所感染,说:"真想亲眼看看你打鼓时的样子。"她痛快地回答:"欢迎,欢迎!看的人越多,我打得越来劲儿。请你明年务必光临!"

Check 8

【庙会 Miàohuì】（祭り）

p. 36

1） **探亲** tàn//qīn：［動］帰省する
2） **庙会** miàohuì：［名］縁日
3） **乡下** xiāngxia：［名］田舎．農村
4） **角色** juésè：［名］役柄
5） **打鼓** dǎ//gǔ：［動］太鼓を叩く
6） **惊讶** jīngyà：［形］（不思議なことを見て）あっと驚く．いぶかしく思う
7） **了不起** liǎobuqǐ：［形］（ほめて）大したものである
8） **相信** xiāngxìn：［動］信じる．信用する
9） **乡亲** xiāngqīn：［名］同郷の人
10） **练** liàn：［動］練習する．稽古する
11） **关心** guānxīn：［動］関心を持つ
12） **滔滔不绝** tāo tāo bù jué：［成］（弁舌に）よどみがない
13） **跳舞** tiào//wǔ：［動］踊る

p. 37

14） **指导** zhǐdǎo：［動］指導する
15） **游戏** yóuxì：［名］ゲーム
16） **嬉闹** xīnào：［動］遊んで騒ぐ
17） **全村上下** quáncūn shàngxià：村じゅう．村全体
18） **老小** lǎoxiǎo：［名］老人と子ども
19） **期盼** qīpàn：［動］期待する
20） **齐心合力** qí xīn hé lì：［成］心を一つにして力を合わせる
21） **办** bàn：［動］（催し物を）運営する
22） **情绪** qíngxù：［名］（一定の事を行うときに生れる）意欲．気持ち
23） **感染** gǎnrǎn：［動］（言動が人を）感動させる．感銘させる
24） **痛快** tòngkuai：［形］率直である．てきぱきとしている
25） **来劲儿** lái//jìnr：［動］元気が出る．張り切る
26） **光临** guānglín：［動］ご来光を賜る．お出でいただく

問8 中国語を聞いて、それぞれの質問に対してⓐ～ⓓの中から最も適当なものを1つ選びなさい。

(1) 一个朋友和她聊起了家乡的什么？
   ⓐ _____
   ⓑ _____
   ⓒ _____
   ⓓ _____

(2) 她为什么觉得朋友了不起？
   ⓐ _____
   ⓑ _____
   ⓒ _____
   ⓓ _____

(3) 在村子里设有的专门场地上，除了打鼓还做什么？
   ⓐ _____
   ⓑ _____
   ⓒ _____
   ⓓ _____

(4) 通过庙会可以增强什么？
   ⓐ _____
   ⓑ _____
   ⓒ _____
   ⓓ _____

(5) 她听了朋友老家的庙会，想做什么了？
   ⓐ _____
   ⓑ _____
   ⓒ _____
   ⓓ _____

➡ 解答は、解答篇 p 8

9 酒馆儿 Jiǔguǎnr

我每天下班都爱和同事们去小酒馆儿喝酒。从工作聊到家庭，从个人兴趣聊到国家大事，一聊起来就没完，时间不知不觉就过去了。算起经济账来，其实在家喝酒更实惠，但不能像在酒馆儿里那样，边喝酒边和同事随意交流，畅所欲言，解除精神上的疲劳。每次喝酒回家，老婆总是抱怨："少喝点儿，别伤了身体，咱们的孩子还小，这家还指望你呢！"另外总叮嘱："回来晚，别忘了插门。"偶尔回家早点儿，她又会惊讶地问："今天怎么这么早就回来了，不会是被炒鱿鱼了吧？"

有一天儿子的提问更是出乎我的意料:"爸爸,你每天晚上都在外边儿喝酒,是不是因为讨厌我和妈妈?"正当我不知该怎么回答好时,他却调皮地眨眨眼睛说:"下个星期六是妈妈的生日,你可得好好儿地表现一下喽!"我怎么把这事给忘了?孩子的生日我倒是记得很清楚,但老婆的生日和我们的结婚纪念日我总是不当回事。看着孩子那张充满期待的小脸儿,我马上回答:"好,明天陪爸爸去喝一杯,咱们好好儿商量商量怎么给妈妈过生日!"

Check 9

【**酒馆儿** Jiǔguǎnr】（居酒屋）

p. 40

1) **下班** xià//bān：[動] 勤めがひける．退勤する
2) **同事** tóngshì：[名] 同僚
3) **酒馆儿** jiǔguǎnr：[名] 居酒屋
4) **兴趣** xìngqù：[名] 趣味
5) **国家大事** guójiā dàshì：[名] 国内の政治的な問題
6) **没完** méiwán：[形] きりがない．とことんまで
7) **算经济账** suàn jīngjì zhàng：お金の損得で物事を判断する
8) **实惠** shíhuì：[形] 実益がある．経済的である．得である
9) **随意** suí//yì：[動]（束縛されずに）思いのままにする．思う通りにする
10) **畅所欲言** chàng suǒ yù yán：[成] 思う存分言いたいことを言う
11) **解除** jiěchú：[動] 取り除く
12) **伤** shāng：[動]（体を）傷つける．こわす
13) **指望** zhǐwang：[動] 心から期待する．当てにする
14) **叮嘱** dīngzhǔ：[動] ねんごろに言い聞かせる．何度も念を押す
15) **插门** chā//mén：[動] ドアに鍵をかける
16) **被炒鱿鱼** bèi chǎo yóuyú：[慣]（仕事を）クビになる

p. 41

17) **儿子** érzi：[名] 息子
18) **提问** tíwèn：[動] 質問する
19) **出乎意料** chū hū yì liào：[成] 意表を突く．思いもよらない
20) **讨厌** tǎoyàn：[動] 嫌う．嫌がる
21) **调皮** tiáopí：[形] いたずらである
22) **眨** zhǎ：[動] 瞬きをする
23) **记** jì：[動] 記憶する
24) **清楚** qīngchu：[形] はっきりしている．明瞭である
25) **不当回事** bù dāng huí shì：[慣] 何とも思わない
26) **小脸儿** xiǎoliǎnr：[名] 幼い顔．あどけない顔
27) **陪** péi：[動] 付き合う．相手をする
28) **商量** shāngliang：[動] 相談する

問9

中国語を聞いて、それぞれの質問に対して ⓐ〜ⓓの中から最も適当なものを1つ選びなさい。

(1) 喝酒回家时，老婆总是怎么样？
   ⓐ
   ⓑ
   ⓒ
   ⓓ

(2) 回家晚时，老婆叮嘱他什么？
   ⓐ
   ⓑ
   ⓒ
   ⓓ

(3) 回家早时，老婆担心他什么？
   ⓐ
   ⓑ
   ⓒ
   ⓓ

(4) 有一天儿子告诉了他什么事儿？
   ⓐ
   ⓑ
   ⓒ
   ⓓ

(5) 他让儿子陪酒是为什么？
   ⓐ
   ⓑ
   ⓒ
   ⓓ

➡ 解答は、解答篇 p 9

10 荞麦面 Qiáomàimiàn

我有一个奶奶，五六年前不幸得了癌症，1) 我去医院看望她时，她埋怨2) 说："其实我根本就没有病，医院小题大做3)，把我关在4) 这里，太寂寞5) 了！"我哄6) 她说："有什么想吃的？我给您做。"她高兴地说："想吃荞麦面。"听了这话，我才想起来7)，奶奶身体好的时候不仅喜欢吃荞麦面，而且更喜欢做。小时候家里穷，不管什么奶奶都不花钱8) 买而是9) 自己动手10) 做。院子里自己种菜11)，家里自己做酱12)。每年过年时，大年夜里13) 奶奶总是给全家擀14) 荞麦面吃。那时我常站在一旁15) 打下手16)，慢慢儿长大了也学会了擀。

我对奶奶说："好，您等着吃我亲手擀的吧！"话虽说了，但毕竟好几年不做了，不知道还行不行？回家后反复练习，终于做出了可以在奶奶面前拿出手的[22)]荞麦面。当我把做好的荞麦面端到奶奶[23)]面前时，奶奶感动得流下了眼泪[24)]，一边吃一边说："好吃！好吃！"

几个月后奶奶的病情突然恶化，没多久就离开了人间[25)]。我从小爸爸妈妈都上班，是奶奶把我带大的[26)]，她对我十分疼爱[27)]。现在，每当我吃荞麦面时，都会想起奶奶那慈祥的笑脸[28)]。

Check 10

【荞麦面 Qiáomàimiàn】（そば）

p. 44

1) 癌症 áizhèng ：［名］癌
2) 看望 kànwàng：［動］見舞う
3) 埋怨 mányuàn：［動］愚痴を言う．不平を言う
4) 小题大做 xiǎo tí dà zuò：［成］大げさにする
5) 关 guān：［動］閉じ込める．監禁する
6) 寂寞 jìmò：［形］（一人ぼっちで）寂しい
7) 哄 hǒng：［動］機嫌をとる．なだめる
8) 荞麦面 qiáomàimiàn：［名］そば
9) 想起来 xiǎngqǐlai：思い出す
10) 穷 qióng：［形］貧しい．貧乏である
11) 花钱 huā//qián：［動］お金を使う
12) 动手 dòng//shǒu：［動］（仕事に）取りかかる
13) 院子 yuànzi：［名］庭
14) 种菜 zhòng cài：野菜を植える
15) 酱 jiàng：［名］みそ
16) 大年夜 dàniányè：［名］大みそか
17) 擀 gǎn：［動］（めん棒を用いて平たく）伸ばす．押し伸ばす
18) 一旁 yìpáng：［名］傍ら．横．そば
19) 打下手 dǎ xiàshǒu：［慣］助手を務める．お手伝いをする
20) 长大 zhǎngdà：大人になる
21) 学会 xuéhuì：習得する．習い覚える

p. 45

22) 拿出手 náchū shǒu：（人前に）出す
23) 端 duān：［動］（両手で水平に）持つ．ささげ持つ
24) 眼泪 yǎnlèi：［名］涙
25) 人间 rénjiān：［名］この世
26) 带大 dàidà：世話して大きく育てる
27) 疼爱 téng'ài：［動］かわいがる
28) 慈祥 cíxiáng：［形］（老人の表情が）やさしい

問10

中国語を聞いて、それぞれの質問に対してⓐ～ⓓの中から最も適当なものを1つ選びなさい。

（1）奶奶为什么住院了？
  ⓐ _____
  ⓑ _____
  ⓒ _____
  ⓓ _____

（2）奶奶想吃什么？
  ⓐ _____
  ⓑ _____
  ⓒ _____
  ⓓ _____

（3）奶奶什么时候给全家擀荞麦面？
  ⓐ _____
  ⓑ _____
  ⓒ _____
  ⓓ _____

（4）奶奶吃荞麦面时怎么了？
  ⓐ _____
  ⓑ _____
  ⓒ _____
  ⓓ _____

（5）现在她每当吃荞麦面时都会想起什么？
  ⓐ _____
  ⓑ _____
  ⓒ _____
  ⓓ _____

➡ 解答は、解答篇 p 10

11 吃刺身 Chī cìshēn   难易度 C

第一 次 作为 日方¹⁾ 公司 代表 去 中国 谈 合资
Dìyī cì zuòwéi Rìfāng gōngsī dàibiǎo qù Zhōngguó tán hézī

企业²⁾ 项目 时, 当地³⁾ 的 政府 部门⁴⁾ 和 企业家们 为
qǐyè xiàngmù shí, dāngdì de zhèngfǔ bùmén hé qǐyèjiāmen wèi

我 举行 了 欢迎 宴会, 令 我 吃惊⁵⁾ 的 是 宴席上
wǒ jǔxíng le huānyíng yànhuì, lìng wǒ chījīng de shì yànxíshang

有 新鲜 的 大马哈鱼⁶⁾ 刺身, 大家 吃得 很 香。⁷⁾ 来
yǒu xīnxiān de dàmǎhǎyú cìshēn, dàjiā chīde hěn xiāng. Lái

中国 之前, 只 听说⁸⁾ 中国人 饮 水⁹⁾ 饮 开¹⁰⁾ 的, 喝
Zhōngguó zhīqián, zhǐ tīngshuō Zhōngguórén yǐn shuǐ yǐn kāi de, hē

茶 喝 热 的, 吃 菜 吃 熟¹¹⁾ 的, 而 最 不 喜欢
chá hē rè de, chī cài chī shóu de, ér zuì bù xǐhuan

吃 生菜¹²⁾ 和 凉饭¹³⁾。 那天 来 参加 欢迎 宴会 的 人
chī shēngcài hé liángfàn. Nàtiān lái cānjiā huānyíng yànhuì de rén

都 是 些 没 去过 日本 的 中国人, 他们 怎么 也
dōu shì xiē méi qùguo Rìběn de Zhōngguórén, tāmen zěnme yě

像 日本人 似的 喜欢 吃 生¹⁴⁾ 的? 我 奇怪 地 问
xiàng Rìběnrén shìde xǐhuan chī shēng de? Wǒ qíguài de wèn

坐在 旁边 的 中国人: "听说 中国人 都 爱 吃
zuòzài pángbiān de Zhōngguórén: "Tīngshuō Zhōngguórén dōu ài chī

炒菜¹⁵⁾, 生鱼片¹⁶⁾ 吃得习惯¹⁷⁾ 吗?" 他 说: "以前 没 吃过
chǎocài, shēngyúpiàn chīdexíguàn ma?" Tā shuō: "Yǐqián méi chīguo

时, 不 敢 吃, 但 吃 了 一 次 就 喜欢上 了。"
shí, bù gǎn chī, dàn chī le yí cì jiù xǐhuanshàng le."

— 48 —

他还问我:"听说在日本能吃刺身的鱼类很多,金枪鱼[18)]特别贵,非常好吃,是真的吗?"

我回答说:"可以这么说吧,不过在座的[19)]朋友们即便有朝一日成了大款[20)],也别天天只吃金枪鱼呀,要不然,我们日本人该不够[21)]吃了!"我的幽默[22)],把大家都逗得[23)]哈哈地大笑起来。坐在对面的朋友举杯给我敬酒[24)],说:"为世界上最喜欢吃海鲜的日本人干杯!"

我也站起来回敬酒:"为维护日中两国的海洋和平[25)]干杯!"

Check 11

【吃刺身 Chī cìshēn】（刺身を食べる）

p. 48

1) **日方** Rìfāng：[名] 日本側
2) **合资企业** hézī qǐyè：[名] 合弁企業
3) **当地** dāngdì：[名] 現地．その土地
4) **政府部门** zhèngfǔ bùmén：[名] 役所
5) **吃惊** chī//jīng：[動] びっくりする．驚く
6) **大马哈鱼** dàmǎhǎyú：[名] サーモン
7) **香** xiāng：[形]（食欲を誘われ）食事がおいしい
8) **听说** tīng//shuō：[動] 聞くところによると～だそうだ．～だと聞いている
9) **饮水** yǐn shuǐ：水を飲む
10) **开** kāi：[動] 沸く．沸騰する
11) **熟** shóu：[形]（食べ物が）生でない．火が通っている
12) **生菜** shēngcài：[名] 生の食べ物
13) **凉饭** liángfàn：[名] 冷めたご飯
14) **生** shēng：[形]（食べ物が）生である．火が通っていない
15) **炒菜** chǎocài：[名] 炒め物
16) **生鱼片** shēngyúpiàn：[名] 刺身
17) **习惯** xíguàn：[動] 慣れる

p. 49

18) **金枪鱼** jīnqiāngyú：[名] マグロ
19) **在座** zàizuò：[動] 同席する
20) **大款** dàkuǎn：[名] 大金持ち
21) **够** gòu：[動]（量が）足りる
22) **幽默** yōumò：[名] ユーモア
23) **逗** dòu：[動] 引き起こす．誘う．まねく
24) **敬酒** jìng//jiǔ：[動]（相手を敬って）酒を勧める．献杯する
25) **维护和平** wéihù hépíng：平和を維持する

A 23

問11 中国語を聞いて、それぞれの質問に対してⓐ～ⓓの中から最も適当なものを１つ選びなさい。

(1) 他去中国做什么？
  ⓐ
  ⓑ
  ⓒ
  ⓓ

(2) 他听说中国人最不喜欢吃什么？
  ⓐ
  ⓑ
  ⓒ
  ⓓ

(3) 刺身中什么鱼特别贵，非常好吃？
  ⓐ
  ⓑ
  ⓒ
  ⓓ

(4) 听了他的幽默话后，大家怎么样了？
  ⓐ
  ⓑ
  ⓒ
  ⓓ

(5) 中国朋友说日本人是世界上最喜欢什么的人？
  ⓐ
  ⓑ
  ⓒ
  ⓓ

➡ 解答は、解答篇 p 11

— 51 —

12 拜神社 Bài shénshè

大年除夕，我们全家在电视机前看"红白歌战"。爸爸和弟弟捧白队，我和妈妈捧红队，最后还是男队表演出色，白队赢了。接下来还有很多精彩的电视节目，如果是往年的话，我们会一直围坐在暖呼呼的被炉里看到天亮，但是今年不同，大年夜的钟声一响，我们就穿好冬装出去参拜神社了。

在过去的一年里，家里接二连三发生了几件不幸的事儿，先是爸爸得了一场大病，接着妈妈下岗回家，后来弟弟没考上大学，更没想到的是，三连休全家外出旅行时，家里竟遭人偷盗……，真是倒霉透了！

外面 下着 小雪，我们 顶着[19] 雪花[20] 走进 了 神社 的
大门，但 那时 大殿 前，已 是 人 山 人 海[21]。
我们 赶紧 排队[22]，足足 等 了 半 个 小时 才 排到。
在 大殿 的 正面，我 合掌 默默 地 祈祷[23]："祝
爸爸 身体 健康！祝 妈妈 快 点儿 找到 好 工作！
祝 弟弟 明年 一定 考上 理想 大学！祝 我 自己
抽中[24] 彩票 成 个 大款！"

嗐，祈祷 是 祈祷 了，但 不 敢 指望。因为
像 我 这样 平时 不 拜神[25]，急 来 烧 高香[26] 的 人，
神 恐怕 是 不 会 显灵[27] 的 吧。愿 神灵 宽恕[28]，
多多 保佑[29]。

Check 12

【拜神社　Bài shénshè】（神社にお参りする）

p. 52

1）**大年除夕** dànián chúxī：［名］旧暦の大みそかの夜
2）**红白歌战** Hóngbái gēzhàn：［名］（日本の）紅白歌合戦
3）**捧白队** pěng báiduì：白組を応援する
4）**表演** biǎoyǎn：［動］（歌や踊りなどを）演じる．上演する
5）**出色** chūsè：［形］（仕事ぶり・成績などが）特に秀でている．抜きん出ている
6）**赢** yíng：［動］（試合や賭けで）勝つ
7）**精彩** jīngcǎi：［形］（技芸や文章などが）すばらしい．見事である
8）**围** wéi：［動］囲む
9）**暖呼呼** nuǎnhūhū：［形］ぽかぽかと暖かい
10）**被炉** bèilú：［名］コタツ
11）**天亮** tiān//liàng：［動］夜が明ける
12）**钟声** zhōngshēng：［名］鐘の音
13）**响** xiǎng：［動］音がする．鳴る．響く
14）**接二连三** jiē èr lián sān：［成］次から次へと．立て続けに
15）**下岗** xià//gǎng：［動］リストラされる
16）**考上** kǎoshàng：（試験に）合格する
17）**遭人偷盗** zāo rén tōudào：盗難に遭う
18）**倒霉** dǎoméi：［形］運が悪い．ついていない

p. 53

19）**顶** dǐng：［動］（雨・風を）冒す
20）**雪花** xuěhuā：［名］（空から舞い落ちる）雪片
21）**人山人海** rén shān rén hǎi：［成］黒山の人だかり
22）**排队** pái//duì：［動］列に並ぶ
23）**祝** zhù：［動］祈る．願う
24）**抽中彩票** chōuzhòng cǎipiào：宝くじに当たる
25）**急** jí：［動］焦る．慌てる
26）**烧高香** shāo gāoxiāng：［慣］（願をかけるために）長い線香を立てる
27）**显灵** xiǎn//líng：［動］神仏への祈願の効き目がある．御利益がある
28）**愿神灵宽恕** yuàn shénlíng kuānshù：神様が容赦することを願う
29）**保佑** bǎoyòu：［動］（神などが）加護する

問12 中国語を聞いて、それぞれの質問に対してⓐ～ⓓの中から最も適当なものを1つ選びなさい。

(1) 她和全家看什么电视节目？
  ⓐ
  ⓑ
  ⓒ
  ⓓ

(2) 大年夜她们去哪儿了？
  ⓐ
  ⓑ
  ⓒ
  ⓓ

(3) 家里什么时候被人偷盗了？
  ⓐ
  ⓑ
  ⓒ
  ⓓ

(4) 祈祷时她祝愿妈妈什么了？
  ⓐ
  ⓑ
  ⓒ
  ⓓ

(5) 她平时常去神社吗？
  ⓐ
  ⓑ
  ⓒ
  ⓓ

➡ 解答は、解答篇 p 12

13 忘年会 Wàngniánhuì

一到年底，大街小巷到处可以看到灯光闪闪的圣诞树和和蔼可亲的圣诞老人，它们好像在告诉人们圣诞节、新年快到了。我和几个亲朋好友准备举办忘年会，正好从中国来了一位朋友，我邀请他参加。他奇怪地问："什么，忘年会？是要把过去的一年忘记吗？"我说："对，这是日本独特的风俗习惯。"他半开玩笑地说："原来日本人喜欢'忘'，这可太有意思了。"我解释说："忘年会是要通过大家的交流，回顾过去的一年，把不愉快的事儿忘记，在新的一年里重新做起。"他高兴地说："这可

是个值得参加的会,我一定去见见你的那些日本朋友。"

听这位中国朋友说,中国也过新年,但放假不多,不太热闹。按传统习惯,无论是城市还是农村都很重视阴历的正月——春节。这是一年中最热闹的节日,大约放一个星期的假。每当春节快到时,人们喜欢欢聚一堂举办新年联欢会。大家边吃边喝边聊,回顾过去的一年,迎接新的一年。

Check 13

【忘年会　Wàngniánhuì】（忘年会）

p. 56

1）**年底** niándǐ：［名］年末
2）**大街小巷** dà jiē xiǎo xiàng：［成］大通りや横丁、町じゅう至るところ
3）**闪闪** shǎnshǎn：［形］きらきらと光っている．ぴかぴかと光っている
4）**圣诞树** shèngdànshù：［名］クリスマスツリー
5）**和蔼可亲** hé'ǎi kěqīn：優しくて親しみやすい
6）**圣诞老人** shèngdàn lǎorén：［名］サンタクロース
7）**圣诞节** Shèngdànjié：［名］クリスマス
8）**邀请** yāoqǐng：［動］招く．招待する
9）**忘记** wàngjì：［動］（経験したこと・覚えていたことを）忘れる
10）**开玩笑** kāi wánxiào：冗談を言う
11）**有意思** yǒu yìsi：［慣］興味深い．面白い
12）**解释** jiěshì：［動］説明する．解釈する
13）**回顾** huígù：［動］（過去を）回顧する．振り返る

p. 57

14）**值得** zhíde：［動］〜するだけの値打ちがある．〜するだけの価値がある
15）**见** jiàn：［動］（人に）会う
16）**放假** fàng//jià：［動］休みになる
17）**热闹** rènao：［形］にぎやかである
18）**城市** chéngshì：［名］都市
19）**阴历** yīnlì：［名］旧暦
20）**春节** Chūnjié：［名］（旧暦の）正月
21）**节日** jiérì：［名］祝祭日
22）**欢聚一堂** huānjù yìtáng：一堂に楽しく集う
23）**联欢会** liánhuānhuì：［名］懇親会
24）**迎接** yíngjiē：［動］（事柄・時期を）迎える

問13 中国語を聞いて、それぞれの質問に対してⓐ～ⓓの中から最も適当なものを１つ選びなさい。

(1) 一到年底，大街小巷到处都可以看到什么？
   ⓐ
   ⓑ
   ⓒ
   ⓓ

(2) 年底时，他和朋友们准备做什么？
   ⓐ
   ⓑ
   ⓒ
   ⓓ

(3) 忘年会上要把什么忘记？
   ⓐ
   ⓑ
   ⓒ
   ⓓ

(4) 一年中，中国什么节日最热闹？
   ⓐ
   ⓑ
   ⓒ
   ⓓ

(5) 每当春节快到时，人们喜欢做什么？
   ⓐ
   ⓑ
   ⓒ
   ⓓ

➡ 解答は、解答篇 p 13

14 练柔道 Liàn róudào

我 因为 体 弱 多 病,¹⁾ 从小 就 开始 练 柔道。
Wǒ yīnwèi tǐ ruò duō bìng, cóngxiǎo jiù kāishǐ liàn róudào.

后来 随着 平时 坚 持 不 懈²⁾ 的 锻炼, 身体 变得
Hòulái suízhe píngshí jiān chí bú xiè de duànliàn, shēntǐ biànde

越来越 强壮,³⁾ 进入⁴⁾ 青春期 后 慢慢儿 地 开始
yuèláiyuè qiángzhuàng, jìnrù qīngchūnqī hòu mànmānr de kāishǐ

热中于⁵⁾ 时装 和 恋爱, 对 柔道 逐渐 失去 了 兴趣。
rèzhōngyú shízhuāng hé liàn'ài, duì róudào zhújiàn shīqù le xìngqù.

重新 唤起⁶⁾ 我 热心于 柔道 的 是 那些 优秀 的
Chóngxīn huànqǐ wǒ rèxīnyú róudào de shì nàxiē yōuxiù de

日本 女子 柔道 选手们。 她们 通过 坚 韧 不 拔⁷⁾
Rìběn nǚzǐ róudào xuǎnshǒumen. Tāmen tōngguò jiān rèn bù bá

的 努力, 在 奥林匹克⁸⁾ 运动会上 获得 了 金牌,⁹⁾ 这
de nǔlì, zài Àolínpǐkè yùndònghuìshang huòdé le jīnpái, zhè

大大 地 鼓舞¹⁰⁾ 了 我, 使 我 重新 振作 精神,¹¹⁾ 从
dàdà de gǔwǔ le wǒ, shǐ wǒ chóngxīn zhènzuò jīngshén, cóng

高中¹²⁾ 到 大学, 一直 没有 停止过 练习。 尽管 腰
gāozhōng dào dàxué, yìzhí méiyou tíngzhǐguo liànxí. Jǐnguǎn yāo

扭伤过, 腿 骨折过,¹³⁾ 但 因为 身旁 有 许多 同 甘
niǔshāngguo, tuǐ gǔzhéguo, dàn yīnwèi shēnpáng yǒu xǔduō tóng gān

共 苦¹⁴⁾ 的 好 伙伴儿,¹⁵⁾ 总算 坚持到 大学 毕业。¹⁶⁾ 通过
gòng kǔ de hǎo huǒbànr, zǒngsuàn jiānchídào dàxué bìyè. Tōngguò

柔道 使 我 学到 了 不 服 硬, 不 怕 难¹⁷⁾ 的
róudào shǐ wǒ xuédào le bù fú yìng, bú pà nán de

精神，即便是已经参加了工作的今天，还能
jīngshén, jíbiàn shì yǐjing cānjiā le gōngzuò de jīntiān, hái néng

深深地感到柔道所给予我的这种力量。[18)]
shēnshēn de gǎndào róudào suǒ jǐyǔ wǒ de zhè zhǒng lìliang.

另外，柔道还给了我一身防范自卫[19)]的
Lìngwài, róudào hái gěi le wǒ yìshēn fángfàn zìwèi de

本领[20)]。记得[21)]有一次，我和朋友坐电车时，一
běnlǐng. Jìde yǒu yícì, wǒ hé péngyou zuò diànchē shí, yí

个流氓[22)]对朋友非礼[23)]，我一把扭住[24)]他的
ge liúmáng duì péngyou fēilǐ, wǒ yì bǎ niǔzhù tā de

手臂[25)]，疼得他直[26)]叫。过后当我把这件事
shǒubì, téngde tā zhí jiào. Guòhòu dāng wǒ bǎ zhè jiàn shì

讲给妈妈听时，妈妈忍不住笑着说："你可
jiǎnggěi māma tīng shí, māma rěnbuzhù xiàozhe shuō: "Nǐ kě

要手下留情[27)]，不然真伤了[28)]人，该抓[29)]的
yào shǒu xià liú qíng, bùrán zhēn shāng le rén, gāi zhuā de

就是你而不是他了。"
jiùshì nǐ ér búshì tā le."

Check 14

【**练柔道** Liàn róudào】（柔道をする）

p. 60

1）**体弱多病** tǐ ruò duō bìng：病弱である
2）**坚持不懈** jiān chí bú xiè：［成］たゆまず頑張る
3）**强壮** qiángzhuàng：［形］（体が）丈夫である．頑丈である
4）**进入** jìnrù：［動］（ある年代・段階に）入る
5）**时装** shízhuāng：［名］最近流行の服．ファッション
6）**唤起** huànqǐ：［動］（感情を）奮い立たせる．呼び起こす
7）**坚韧不拔** jiān rèn bù bá：［成］強靭（きょうじん）で揺るがない
8）**奥林匹克运动会** Àolínpǐkè yùndònghuì：［名］オリンピック
9）**金牌** jīnpái：［名］金メダル
10）**鼓舞** gǔwǔ：［動］激励する．鼓舞する
11）**振作** zhènzuò：［動］発奮する．奮い立たせる
12）**高中** gāozhōng：［名］高校
13）**扭伤** niǔshāng：［動］ねんざをする
14）**同甘共苦** tóng gān gòng kǔ：［成］苦楽を共にして一致協力する
15）**伙伴儿** huǒbànr：［名］仲間．パートナー
16）**毕业** bì//yè：［動］卒業する
17）**不服硬，不怕难** bù fú yìng, bú pà nán：困難をものともしない

p. 61

18）**力量** lìliang：［名］（精神的な）力
19）**防范自卫** fángfàn zìwèi：防備し、自衛する
20）**本领** běnlǐng：［名］腕前．技能
21）**记得** jìde：［動］覚えている
22）**流氓** liúmáng：［名］ならず者．チンピラ．不良
23）**非礼** fēilǐ：［動］(主に男性が女性に) わいせつ行為を働く．セクハラをする
24）**一把扭住** yì bǎ niǔzhù：むんずとつかむ
25）**手臂** shǒubì：［名］腕
26）**叫** jiào：［動］わめく．叫ぶ
27）**手下留情** shǒu xià liú qíng：［成］手加減をする．手心を加える
28）**伤人** shāng//rén：［動］人にけがをさせる
29）**抓** zhuā：［動］捕まえる．逮捕する

A 29

問14 中国語を聞いて、それぞれの質問に対してⓐ〜ⓓの中から最も適当なものを１つ選びなさい。

（1）她为什么从小练柔道？
   ⓐ
   ⓑ
   ⓒ
   ⓓ

（2）青春期时为什么对柔道没兴趣了？
   ⓐ
   ⓑ
   ⓒ
   ⓓ

（3）她练习柔道一直坚持到什么时候？
   ⓐ
   ⓑ
   ⓒ
   ⓓ

（4）柔道使她学到了什么精神？
   ⓐ
   ⓑ
   ⓒ
   ⓓ

（5）柔道给了她什么本领？
   ⓐ
   ⓑ
   ⓒ
   ⓓ

➡ 解答は、解答篇 p 14

15 相扑 Xiāngpū

在今天的日本相扑角力场上，除了日本选手外，外国出身的相扑选手接连不断地出现。虽然相扑不像柔道那样是一个国际性的比赛项目，但是今天的日本相扑确实已经带有浓厚的国际色彩。

提起外国出身的相扑，还真是令人佩服。他们来日本以前，对这里的文化、语言、社会几乎都不熟悉。但后来不仅掌握了高难度的相扑摔跤技巧，而且学会了语言，适应了纪律严明、训练艰苦的相扑世界，进而融入了风俗习惯和母国完全不同的社会。尽管如此，其实一些日本的相扑迷并不太

喜欢他们，觉得他们毕竟是外国人，而且取胜[14)]多是因为身高体壮比日本相扑选手占[15)]优势。[16)]

其实无论是茶道，还是歌舞伎，真正的传统[17)]文化，都是通过外部的刺激，随时代变迁而[18)]发展[19)]保留下来[20)]的，相扑也不例外。所以我觉得对外国出身相扑的精彩表演也应该报以[21)]热烈[22)]的掌声[23)]。当然既然相扑是日本的传统国技，那么首先希望日本的相扑选手不要屈服于[24)]身高体大的外国选手，能够以小胜大[25)]，做一个相扑场上真正的"大力士"。

Check 15

【相扑 Xiāngpū】（相撲）

p. 64

1) **相扑** xiāngpū：［名］（日本の）相撲
2) **角力场** jiǎolìchǎng：［名］（相撲の）土俵
3) **接连不断** jiēlián búduàn：絶え間ない
4) **比赛项目** bǐsài xiàngmù：［名］競技種目
5) **佩服** pèifu：［動］感心する．感服する
6) **掌握** zhǎngwò：［動］身につける．自分のものにする
7) **摔跤** shuāijiāo：［名］相撲．レスリング
8) **适应** shìyìng：［動］（環境や条件に）適応する
9) **严明** yánmíng：［形］（規律などが）厳しい
10) **艰苦** jiānkǔ：［形］（環境・生活などが）苦しい．つらい
11) **融入** róngrù：［動］溶け込む．なじむ
12) **尽管如此** jǐnguǎn rúcǐ：それにもかかわらず
13) **相扑迷** xiāngpū mí：相撲ファン

p. 65

14) **取胜** qǔshèng：［動］（競技で）勝利を得る．勝ちを制する
15) **身高体壮** shēn gāo tǐ zhuàng：体が大きくてがっしりしている
16) **占优势** zhàn yōushì：上位に立つ
17) **真正** zhēnzhèng：［形］本当の．真の
18) **变迁** biànqiān：［動］移り変わる．変遷する
19) **发展** fāzhǎn：［動］発展する
20) **保留** bǎoliú：［動］（手を加えないで元のままに）残す．保つ
21) **报以** bào yǐ：～をもって答える．～をもって応じる
22) **热烈** rèliè：［形］熱烈である．熱がこもっている
23) **掌声** zhǎngshēng：［名］拍手
24) **屈服于** qūfúyú：～に屈する
25) **以小胜大** yǐ xiǎo shèng dà：小よく大を制す

問15 中国語を聞いて、それぞれの質問に対して ⓐ〜ⓓ の中から最も適当なものを1つ選びなさい。

（1）今天的日本相扑带有什么色彩？
- ⓐ
- ⓑ
- ⓒ
- ⓓ

（2）他觉得外国出身的相扑怎么样？
- ⓐ
- ⓑ
- ⓒ
- ⓓ

（3）从外国来日本的相扑除了摔跤还学会了什么？
- ⓐ
- ⓑ
- ⓒ
- ⓓ

（4）一些相扑迷觉得外国出身的相扑取胜多是因为什么？
- ⓐ
- ⓑ
- ⓒ
- ⓓ

（5）他希望日本的相扑选手怎么样？
- ⓐ
- ⓑ
- ⓒ
- ⓓ

➡ 解答は、解答篇 p 15

16 甲子园 Jiǎzǐyuán

全国 高中 棒球 比赛 就要 开幕 了。1) 其实 我 对 棒球 赛 规则 并 不 熟悉，但 一 看到 电视上 出现 了 自己 老家 的 高中 棒球 代表 队，就 情 不 自 禁 地2) 全 身心 地 为 他们 助威3)，喊 加油4)。 一 个 刚 来 日本 不久 的 美国 留学生5) 奇怪 地 问 我："这些 业余6) 棒球 选手 怎么 会 这么 吸引7) 观众8)？报纸上9) 连 篇 累 牍10) 的 报道，国营 电视台 从 早 到 晚 的 转播11)，一12) 时间 全国 上下13) 围绕着 高中 棒球 赛 的 话题 沸沸扬扬。" 我 反问14) 他15)："美国 难道 不是 这样 吗?" 他 说："美国 虽说 把 棒球 作为 国技 来 赞美，但 从来 没有 像16) 日本 这么 热烈。这 到底 是 为什么 呢?"

说　　真的，　我　　也　　不　　知道　　应该　　怎么　　向　　他
Shuō　zhēnde,　wǒ　　yě　　bù　　zhīdao　yīnggāi　zěnme　xiàng　tā

解释　　我们　　日本人　　对　　"甲子园"　　的　　这　　份　　热情，
jiěshì　wǒmen　Rìběnrén　duì　"Jiǎzǐyuán"　de　zhè　fèn　rèqíng,

或许　　是　　出自　　对　　各自　　家乡　　的　　爱慕　　之　情，或许
huòxǔ　shì　chūzì　duì　gèzì　jiāxiāng　de　àimù　zhī　qíng, huòxǔ

是　　被　　那些　　热爱　　棒球　　的　　青年　　选手　　不顾　　一切
shì　bèi　nàxiē　rè'ài　bàngqiú　de　qīngnián　xuǎnshǒu　búgù　yíqiè

的　　拼搏　　精神　　所　　感动。不过　　这　　持续　　了　　近　一
de　pīnbó　jīngshén　suǒ　gǎndòng. Búguò　zhè　chíxù　le　jìn　yí

个　　世纪　　的　　高中　　棒球　　比赛，为什么　　会　　这么　　富有
ge　shìjì　de　gāozhōng　bàngqiú　bǐsài,　wèishénme　huì　zhème　fùyǒu

魅力，恐怕　每　个　人　的　看法　都　是　不同　的，很
mèilì,　kǒngpà　měi　ge　rén　de　kànfǎ　dōu　shì　bùtóng　de, hěn

难　　用　　一　　两　　句　　话　　说清。
nán　yòng　yì　liǎng　jù　huà　shuōqīng.

Check 16

【甲子园　Jiǎzǐyuán】（甲子園）

p. 68

1）**全国高中棒球比赛** Quánguó gāozhōng bàngqiú bǐsài：［名］全国高校野球大会
2）**情不自禁** qíng bú zì jīn：［成］高まる気持ちを抑えきれない
3）**助威** zhù//wēi：［動］応援する．声援する
4）**喊加油** hǎn jiāyóu：がんばれと叫ぶ
5）**美国** Měiguó：［名］アメリカ
6）**业余** yèyú：［形］アマチュアの
7）**吸引** xīyǐn：［動］（注意・関心を）引きつける
8）**观众** guānzhòng：［名］観客
9）**报纸** bàozhǐ：［名］新聞
10）**连篇累牍** lián piān lěi dú：［成］（新聞が）やたらと多くの紙面を割く
11）**电视台** diànshìtái：［名］テレビ局
12）**从早到晚** cóng zǎo dào wǎn：朝から晩まで
13）**转播** zhuǎnbō：［動］中継放送をする
14）**沸沸扬扬** fèifeiyángyáng：［形］（湯がたぎるように）騒々しい
15）**反问** fǎnwèn：［動］問い返す
16）**赞美** zànměi：［動］ほめたたえる．賞賛する

p. 69

17）**甲子园** Jiǎzǐyuán：［名］甲子園球場
18）**热情** rèqíng：［名］情熱
19）**出自** chūzì：［動］〜から出る．元が〜にある
20）**家乡** jiāxiāng：［名］故郷．郷里
21）**爱慕之情** àimù zhī qíng：［名］恋い慕う気持ち
22）**热爱** rè'ài：［動］心から愛する
23）**不顾一切** búgù yíqiè：わき目もふらない
24）**拼搏精神** pīnbó jīngshén：［名］奮闘精神．ファイト
25）**富有** fùyǒu：［動］〜に富む
26）**看法** kànfǎ：［名］見方
27）**不同** bùtóng：［形］同じでない．違っている
28）**说清** shuōqīng：うまく説明する

問16 中国語を聞いて、それぞれの質問に対してⓐ〜ⓓの中から最も適当なものを1つ選びなさい。

(1) 什么比赛快要开始了？
　　ⓐ
　　ⓑ
　　ⓒ
　　ⓓ

(2) 她对棒球赛的哪方面不熟悉？
　　ⓐ
　　ⓑ
　　ⓒ
　　ⓓ

(3) 日本对高中棒球赛的报道怎么样？
　　ⓐ
　　ⓑ
　　ⓒ
　　ⓓ

(4) 美国留学生对什么问题不理解？
　　ⓐ
　　ⓑ
　　ⓒ
　　ⓓ

(5) 日本的全国高中棒球赛举办了多长时间了？
　　ⓐ
　　ⓑ
　　ⓒ
　　ⓓ

➡ 解答は、解答篇 p 16

17 卡拉OK　Kǎlā'ōukèi

过去，　一　提起　中国　的　卡拉ＯＫ，¹⁾　就　让　人
Guòqù,　yì　tíqǐ　Zhōngguó　de　kǎlā'ōukèi,　jiù　ràng　rén

²⁾联想起　那　种　有　高级　陪　唱　³⁾小姐　的　大　歌厅。⁴⁾
liánxiǎngqǐ　nà　zhǒng　yǒu　gāojí　péi　chàng　xiǎojie　de　dà　gētīng.

但　近　几　年　来，　不　带　陪客　小姐，　只　以　唱歌
Dàn　jìn　jǐ　nián　lái,　bú　dài　péikè　xiǎojie,　zhǐ　yǐ　chànggē

⁵⁾为主　的　卡拉ＯＫ　⁶⁾包厢　在　北京、　上海、　广州
wéizhǔ　de　kǎlā'ōukèi　bāoxiāng　zài　Běijīng、　Shànghǎi、　Guǎngzhōu

等　许多　大　城市　多起来。　从　前年　开始　我　因
děng　xǔduō　dà　chéngshì　duōqǐlai.　Cóng　qiánnián　kāishǐ　wǒ　yīn

工作　关系　常驻　上海，　一　有　空儿⁷⁾　就　去　那里
gōngzuò　guānxi　chángzhù　Shànghǎi,　yì　yǒu　kòngr　jiù　qù　nàli

唱歌　⁸⁾解乏。　和　中国　的　同事们　去　时，　少不了⁹⁾　要
chànggē　jiěfá.　Hé　Zhōngguó　de　tóngshìmen　qù　shí,　shǎobuliǎo　yào

唱　人　称　"台湾　歌姬"　的　邓　丽君　的　歌曲。¹⁰⁾　比如
chàng　rén　chēng　"Táiwān　gējī"　de　Dèng　Lìjūn　de　gēqǔ.　Bǐrú

那些　在　日本　也　很　有名　的《偿还》¹¹⁾《我　只　在乎
nàxiē　zài　Rìběn　yě　hěn　yǒumíng　de《Chánghuán》《Wǒ　zhǐ　zàihu

你》¹²⁾等　歌，　当然　是　用　中文　唱。这些　歌，　四十
nǐ》　děng　gē,　dāngrán　shì　yòng　Zhōngwén　chàng.　Zhèxiē　gē,　sìshí

岁　以上　的　中国人　一般　都　熟悉，　歌厅里　反响¹³⁾　很
suì　yǐshàng　de　Zhōngguórén　yìbān　dōu　shúxī,　gētīngli　fǎnxiǎng　hěn

热烈。我　厚着　脸皮，¹⁴⁾　只要　一　拿起　麦克风，¹⁵⁾　不管
rèliè.　Wǒ　hòuzhe　liǎnpí,　zhǐyào　yì　náqǐ　màikèfēng,　bùguǎn

— 72 —

歌 唱得 多么 不 好，汉语 发音 多么 不 准 都[16)]
gē chàngde duōme bù hǎo, Hànyǔ fāyīn duōme bù zhǔn dōu

不在乎。[17)] 心想：嗨，反正 是 国外，没 人 认识 我，[18)]
búzàihu. Xīnxiǎng: Hāi, fǎnzhèng shì guówài, méi rén rènshi wǒ,

丢人 就 丢人 呗。[19)]
diūrén jiù diūrén bei.

和 稍 年轻 的 中国人 唱歌 时，我 常 爱[20)]
Hé shāo niánqīng de Zhōngguórén chànggē shí, wǒ cháng ài

点 台湾 当今 的 流行 歌曲。大家 都 夸 我："真[21)][22)][23)]
diǎn Táiwān dāngjīn de liúxíng gēqǔ. Dàjiā dōu kuā wǒ: "Zhēn

看不出来[24)] 你 还 知道 不少 新歌 嘛！真 是 个
kànbuchūlai nǐ hái zhīdao bùshǎo xīngē ma! Zhēn shì ge

台湾 通！" 说 实话，我 其实 并 不 太 爱 唱
Táiwān tōng!" Shuō shíhuà, wǒ qíshí bìng bú tài ài chàng

卡拉ＯＫ，之 所以 常常 光顾 这里，是 想 通过[25)]
kǎlā'ōukèi, zhī suǒyǐ chángcháng guānggù zhèli, shì xiǎng tōngguò

歌曲 结交 更 多 的 中国 朋友，从而 学好 汉语。[26)]
gēqǔ jiéjiāo gèng duō de Zhōngguó péngyou, cóng'ér xuéhǎo Hànyǔ.

当然 为此 可 没 少 投资，交 了 不少 "学费"。[27)]
Dāngrán wèicǐ kě méi shǎo tóuzī, jiāo le bùshǎo "xuéfèi".

Check 17

【卡拉ＯＫ　Kǎlā'ōukèi】（カラオケ）

p. 72

1）**卡拉OK** kǎlā'ōukèi：［名］カラオケ
2）**联想** liánxiǎng：［動］連想する
3）**陪唱小姐** péi chàng xiǎojie：［名］カラオケのホステス
4）**歌厅** gētīng：［名］歌のホール
5）**为主** wéizhǔ：［動］〜を主とする
6）**卡拉ＯＫ包厢** kǎlā'ōukèi bāoxiāng：［名］カラオケボックス
7）**空儿** kòngr：［名］暇
8）**解乏** jiě//fá：［動］疲れをとる
9）**少不了** shǎobuliǎo：欠かせない
10）**邓丽君** Dèng Lìjūn：（歌手名）テレサ・テン（1953 – 1995年）
11）**偿还** Chánghuán：（曲目）つぐない
12）**我只在乎你** Wǒ zhǐ zàihu nǐ：（曲目）時の流れに身をまかせ
13）**反响** fǎnxiǎng：［名］反響
14）**厚脸皮** hòu liǎnpí：［慣］面の皮を厚くする．図々しくする
15）**麦克风** màikèfēng：［名］マイク

p. 73

16）**准** zhǔn：［形］正確である
17）**不在乎** búzàihu：［動］気にかけない．問題にしない
18）**认识** rènshi：［動］（人を）見て知っている．面識がある
19）**丢人** diū//rén：［動］恥をかく．面目を失う
20）**年轻** niánqīng：［形］年が若い
21）**点** diǎn：［動］（リストの中から）指定する．注文する
22）**当今** dāngjīn：［名］当世．近ごろ
23）**夸** kuā：［動］ほめる
24）**看不出来** kànbuchūlai：見て識別できない．外見からはわからない
25）**光顾** guānggù：［動］（顧客が店を）ひいきにする
26）**结交** jiéjiāo：［動］友だちになる．交際する
27）**交** jiāo：［動］渡す．納める

問17

中国語を聞いて、それぞれの質問に対してⓐ～ⓓの中から最も適当なものを1つ選びなさい。

（1）现在中国大城市什么样的卡拉OK厅多了？
　　ⓐ
　　ⓑ
　　ⓒ
　　ⓓ

（2）他用哪种语言唱邓丽君的歌？
　　ⓐ
　　ⓑ
　　ⓒ
　　ⓓ

（3）他唱卡拉OK时，为什么不在乎发音不准？
　　ⓐ
　　ⓑ
　　ⓒ
　　ⓓ

（4）歌厅里的人为什么夸他是台湾通？
　　ⓐ
　　ⓑ
　　ⓒ
　　ⓓ

（5）他为什么常去歌厅？
　　ⓐ
　　ⓑ
　　ⓒ
　　ⓓ

➡ 解答は、解答篇 p 17

18 动漫迷 Dòngmàn mí

今年 春天 去 中国 旅行，在 饭店 的 房间里
Jīnnián chūntiān qù Zhōngguó lǚxíng, zài fàndiàn de fángjiānli
打开 电视 时，正 播 日本 的 动画片儿 《名侦探
dǎkāi diànshì shí, zhèng bō Rìběn de dònghuàpiānr 《Míngzhēntàn
柯南》。画面 清晰、汉语 对白 也 很 通俗 易 懂，
Kēnán》。 Huàmiàn qīngxī, Hànyǔ duìbái yě hěn tōngsú yì dǒng,
连 只 会 一点儿 汉语 的 我 也 听懂 了 不少。
lián zhǐ huì yìdiǎnr Hànyǔ de wǒ yě tīngdǒng le bùshǎo.
后来 应 一 位 中国 朋友 邀请，我 去 他
Hòulái yìng yí wèi Zhōngguó péngyou yāoqǐng, wǒ qù tā
家里 做客，才 知道 中国 的 孩子们 非常 喜欢
jiāli zuòkè, cái zhīdao Zhōngguó de háizimen fēicháng xǐhuan
日本 的 动画片儿。这个 朋友 的 孩子 今年 12
Rìběn de dònghuàpiānr. Zhège péngyou de háizi jīnnián shí'èr
岁，小学 六 年级，正 面临 升学 考试，处在 学习
suì, xiǎoxué liù niánjí, zhèng miànlín shēngxué kǎoshì, chǔzài xuéxí
最 紧张 的 时候。即便 如此，日本 的 动画片儿
zuì jǐnzhāng de shíhou. Jíbiàn rúcǐ, Rìběn de dònghuàpiānr
《柯南》，他 一 集 也 不 落。他 还 说，同学们
《Kēnán》, tā yì jí yě bú là. Tā hái shuō, tóngxuémen
也 都 很 爱 看 日本 的 动画片儿，人物 形象
yě dōu hěn ài kàn Rìběn de dònghuàpiānr, rénwù xíngxiàng
生动 活泼，故事 情节 富有 想像力，吸引 人。
shēngdòng huópo, gùshi qíngjié fùyǒu xiǎngxiànglì, xīyǐn rén.

《七龙珠》[17] 《机器猫》[18] 《蜡笔小新》[19] 等等他都看过，而且故事梗概[20]能倒背如流[21]。孩子妈妈却很反对，动画片儿《柯南》开播了，妈妈说："有什么好看的，都是些哄小孩儿[22]的，快写作业！"孩子反驳[23]说[24]："动画片儿也是艺术，你没看就没有发言权？作业待会儿再做！"

小时候我也很爱看动画片儿，明知要挨[25]家长骂[26]，也忍不住。不过我可做不到既[27]看动画片儿，又不忘写作业，记得那时常因交不上[28]作业，被老师罚[29]站。

Check 18

【动漫迷 Dòngmàn mí】（アニメファン）

p. 76

1）播 bō：［動］放送する
2）动画片儿 dònghuàpiānr：［名］アニメ
3）名侦探柯南 Míngzhēntàn Kēnán：（アニメ作品名）名探偵コナン
4）清晰 qīngxī：［形］(映像や発音などが) はっきりしている
5）对白 duìbái：［名］掛け合いのセリフ
6）通俗易懂 tōngsú yì dǒng：（内容が）わかりやすい
7）应 yìng：［動］（招きに）応じる
8）做客 zuò//kè：［動］（よその家に行き）客となる
9）面临 miànlín：［動］直面する
10）升学考试 shēngxué kǎoshì：［名］進学試験
11）处 chǔ：［動］（一定の位置・環境に）ある．身を置く
12）紧张 jǐnzhāng：［形］忙しい
13）落 là：［動］見逃す
14）形象 xíngxiàng：［名］イメージ
15）生动活泼 shēngdòng huópo：生き生きして活気にあふれる
16）故事情节 gùshi qíngjié：［名］物語のストーリー

p. 77

17）七龙珠 Qīlóngzhū：（アニメ作品名）ドラゴンボール
18）机器猫 Jīqìmāo：（アニメ作品名）ドラえもん
19）蜡笔小新 Làbǐ Xiǎo Xīn：（アニメ作品名）クレヨンしんちゃん
20）梗概 gěnggài：［名］あらすじ
21）倒背如流 dào bèi rú liú：［成］スラスラと暗唱する
22）哄 hǒng：［動］だます．欺く
23）写作业 xiě zuòyè：宿題をする
24）反驳 fǎnbó：［動］（言葉で）やり返す
25）家长 jiāzhǎng：［名］保護者．父兄
26）挨骂 ái//mà：［動］ののしられる．怒鳴られる
27）做不到 zuòbudào：実行できない．やりおおせない
28）交不上 jiāobushàng：提出できない
29）罚 fá：［動］罰として〜を科す

— 78 —

問18

中国語を聞いて、それぞれの質問に対してⓐ〜ⓓの中から最も適当なものを1つ選びなさい。

(1) 他住进饭店时，电视在播什么？
　　ⓐ
　　ⓑ
　　ⓒ
　　ⓓ

(2) 他的中国朋友的孩子是几年级学生？
　　ⓐ
　　ⓑ
　　ⓒ
　　ⓓ

(3) 朋友的孩子是怎么评价日本的动画片儿的？
　　ⓐ
　　ⓑ
　　ⓒ
　　ⓓ

(4) 妈妈喜欢让孩子看日本动画片儿吗？
　　ⓐ
　　ⓑ
　　ⓒ
　　ⓓ

(5) 孩子妈妈想让孩子做什么？
　　ⓐ
　　ⓑ
　　ⓒ
　　ⓓ

➡ 解答は、解答篇 p 18

19 拉面 Lāmiàn

现在 走在 中国 的 大街上, 常 能 看到 很
Xiànzài zǒuzài Zhōngguó de dàjiēshang, cháng néng kàndào hěn
多 挂着 日餐1) 招牌2) 的 饮食店, 如 旋转 寿司3)、
duō guàzhe Rìcān zhāopái de yǐnshídiàn, rú xuánzhuǎn shòusī、
牛肉 盖饭4) 等, 其中 日本 拉面馆儿5) 最 显眼6), 门口
niúròu gàifàn děng, qízhōng Rìběn lāmiànguǎnr zuì xiǎnyǎn, ménkǒu
挂着 门帘儿7), 店内 墙壁上 画着 富士山 和 京都女。
guàzhe ménliánr, diànnèi qiángbìshang huàzhe Fùshìshān hé Jīngdūnǚ.
这些 店 大多数 都 是 日本 的 连锁店8), 由 日本人
Zhèxiē diàn dàduōshù dōu shì Rìběn de liánsuǒdiàn, yóu Rìběnrén
经营, 几乎 哪个 店 都 坐满 了 客人, 年轻 食客
jīngyíng, jīhū nǎge diàn dōu zuòmǎn le kèren, niánqīng shíkè
特别 多, 生意 很 兴隆9)。
tèbié duō, shēngyi hěn xīnglóng.

我 也 在 当地 吃过 几 次, 味道 和 日本 的
Wǒ yě zài dāngdì chīguo jǐ cì, wèidao hé Rìběn de
差不多, 只 是 汤里 放 的 各种10) 菜码11) 比 日本 的
chàbuduō, zhǐ shì tāngli fàng de gèzhǒng càimǎ bǐ Rìběn de
多得 多, 适合 中国人 的 口味12)。常 陪 我 逛街13)
duōde duō, shìhé Zhōngguórén de kǒuwèi. Cháng péi wǒ guàngjiē
的 小 王 自称 是 美食家, 他 评价14) 日本 的 拉面
de Xiǎo Wáng zìchēng shì měishíjiā, tā píngjià Rìběn de lāmiàn
口味 好, 吃起来 筋道15), 还 说:"酱油 味儿16) 的 清淡
kǒuwèi hǎo, chīqǐlai jīndao, hái shuō:"Jiàngyóu wèir de qīngdàn

可口，酱汤 味儿 的 有点儿 咸， 而 最 让 人 上瘾
kěkǒu, jiàngtāng wèir de yǒudiǎnr xián, ér zuì ràng rén shàngyǐn

的 还是 肉骨头 汤面。" 他 还 说："中国人 做
de háishi ròugǔtou tāngmiàn." Tā hái shuō: "Zhōngguórén zuò

面， 菜码 为主， 面 其次。 而 日本人 正 相反， 面
miàn, càimǎ wéizhǔ, miàn qícì. Ér Rìběnrén zhèng xiāngfǎn, miàn

为主， 菜码 其次。"
wéizhǔ, càimǎ qícì."

细想 日本 拉面 确实 很 有 意思， 看起来 虽然
Xìxiǎng Rìběn lāmiàn quèshí hěn yǒu yìsi, kànqǐlai suīrán

做法 和 口感 独 具 特色， 其实 追 根 溯 源， 它
zuòfǎ hé kǒugǎn dú jù tèsè, qíshí zhuī gēn sù yuán, tā

来自 中国 的 山西 一带。 今天 中国 大街上 的
láizì Zhōngguó de Shānxī yídài. Jīntiān Zhōngguó dàjiēshang de

拉面， 应该 说 是 在 日本 历经 "磨炼"， 又 衣 锦
lāmiàn, yīnggāi shuō shì zài Rìběn lìjīng "móliàn", yòu yī jǐn

还 乡 了。 中国 有 句 老话：民 以 食 为 天。
huán xiāng le. Zhōngguó yǒu jù lǎohuà: Mín yǐ shí wéi tiān.

可以 说 食文化 也 是 连接 日中 两国 老百姓
Kěyǐ shuō shíwénhuà yě shì liánjiē Rì-Zhōng liǎngguó lǎobǎixìng

的 一 座 桥梁。
de yí zuò qiáoliáng.

Check 19

【拉面 Lāmiàn】（ラーメン）

p. 80

1) **日餐** Rìcān：［名］和食
2) **招牌** zhāopái：［名］看板
3) **旋转寿司** xuánzhuǎn shòusī：［名］回転寿司
4) **牛肉盖饭** niúròu gàifàn：［名］牛丼
5) **拉面馆儿** lāmiànguǎnr：［名］ラーメン屋
6) **显眼** xiǎnyǎn：［形］目立つ
7) **墙壁** qiángbì：［名］壁
8) **连锁店** liánsuǒdiàn：［名］チェーン店
9) **生意兴隆** shēngyi xīnglóng：商売が繁盛している
10) **汤** tāng：［名］スープ
11) **菜码** càimǎ：［名］料理の具
12) **口味** kǒuwèi：［名］（味に対する）好み
13) **逛街** guàng//jiē：［動］街をぶらつく
14) **评价** píngjià：［動］評価する
15) **筋道** jīndao：［形］（食物などが）コシがある
16) **酱油味儿** jiàngyóu wèir：［名］しょうゆ味

p. 81

17) **清淡可口** qīngdàn kěkǒu：あっさりしていておいしい
18) **酱汤味儿** jiàngtāng wèir：［名］みそ味
19) **咸** xián：［形］塩辛い
20) **上瘾** shàng//yǐn：［動］癖になる．病み付きになる
21) **肉骨头汤面** ròugǔtou tāngmiàn：［名］とんこつラーメン
22) **相反** xiāngfǎn：［形］逆である．相反する
23) **口感** kǒugǎn：［名］食感
24) **独具特色** dújù tèsè：特色がある．一風変わっている
25) **追根溯源** zhuī gēn sù yuán：［成］ルーツをたどる
26) **历经"磨练"** lìjīng "móliàn"：（様々な経過を経て）磨きがかかる
27) **衣锦还乡** yī jǐn huán xiāng：［成］故郷に錦を飾る
28) **老话** lǎohuà：［名］昔からの言い習わし．ことわざ
29) **民以食为天** mín yǐ shí wéi tiān：［諺］庶民は誰もが食べなければならない
30) **桥梁** qiáoliáng：［名］懸け橋

問19

中国語を聞いて、それぞれの質問に対して ⓐ～ⓓ の中から最も適当なものを1つ選びなさい。

（1）中国的大街上哪种日餐店最显眼？
- ⓐ
- ⓑ
- ⓒ
- ⓓ

（2）拉面馆儿里多大年纪的食客多？
- ⓐ
- ⓑ
- ⓒ
- ⓓ

（3）中国的拉面和日本的哪儿不一样？
- ⓐ
- ⓑ
- ⓒ
- ⓓ

（4）小王觉得什么味儿的拉面最上瘾？
- ⓐ
- ⓑ
- ⓒ
- ⓓ

（5）"民以食为天"是什么意思？
- ⓐ
- ⓑ
- ⓒ
- ⓓ

➡ 解答は、解答篇 p 19

20 工作狂 Gōngzuò kuáng

前两天电视上报道了最新《劳动力
Qián liǎng tiān diànshìshang bàodào le zuì xīn «Láodònglì

调查》：日本人平均一年的劳动时间，包括不
diàochá»: Rìběnrén píngjūn yì nián de láodòng shíjiān, bāokuò bú

被计入工资的350个小时的加班在内，
bèi jìrù gōngzī de sānbǎiwǔshí ge xiǎoshí de jiābān zàinèi,

一共约2600多个小时。这和德国、法国
yígòng yuē liǎngqiānliùbǎi duō ge xiǎoshí. Zhè hé Déguó, Fǎguó

相比，人均每年多劳动四个月。
xiāngbǐ, rénjūn měinián duō láodòng sì ge yuè.

看了这个电视报道，我不由得感叹：日本人
Kàn le zhège diànshì bàodào, wǒ bùyóude gǎntàn: Rìběnrén

的加班怎么这么多！丈夫也叹气地说：
de jiābān zěnme zhème duō! Zhàngfu yě tànqì de shuō:

"在日本如果不加班，就会被认为工作不
"Zài Rìběn rúguǒ bù jiābān, jiù huì bèi rènwéi gōngzuò bú

认真。节假日即便没什么大不了的工作，只要
rènzhēn. Jiéjiàrì jíbiàn méi shénme dàbuliǎo de gōngzuò, zhǐyào

上司不休息，下属们就不得不去露露面。"
shàngsi bù xiūxi, xiàshǔmen jiù bùdébù qù lòulou miàn."

去国外旅行时也常听许多外国人赞美
Qù guówài lǚxíng shí yě cháng tīng xǔduō wàiguórén zànměi

日本人勤奋，喜欢工作，还说勤奋是日本人的
Rìběnrén qínfèn, xǐhuan gōngzuò, hái shuō qínfèn shì Rìběnrén de

天性。日本人 一 天 到 晚 这么 拼命 地 工作，
难道 真的 好 吗？我 确实 抱有 疑问。我 家 就是
一 个 典型 的 例子，丈夫 每天 早上 7点 上班，
晚上 11点 回家，好不容易 有 个 星期天，也
常常 累得 不 想 出门，只 在 家里 看看 电视，
睡睡 觉 就 过去 了。一 年 到 头 难得 和 孩子们
在 一起。说起来，丈夫 是 为了 家庭 而 拼命，但
总 没有 时间 和 家人 团聚，和 妻儿 欢乐，拼命
又 有 什么 意义 呢？

Check 20

【工作狂 Gōngzuò kuáng】（仕事中毒）

p. 84

1) **劳动力调查** Láodònglì diàochá：［名］労働力調査
2) **包括** bāokuò：［動］（範囲の中に）含む
3) **计入** jìrù：［動］計算に入れる
4) **工资** gōngzī：［名］給料
5) **加班** jiā//bān：［動］残業する
6) **德国** Déguó：［名］ドイツ
7) **法国** Fǎguó：［名］フランス
8) **相比** xiāngbǐ：［動］比べる．比較する
9) **人均** rénjūn：1人当たり
10) **感叹** gǎntàn：［動］嘆く
11) **丈夫** zhàngfu：［名］亭主．夫
12) **叹气** tàn//qì：［動］溜息をつく
13) **认为** rènwéi：［動］（一定の判断をして）〜と考える．〜と認める
14) **认真** rènzhēn：［形］まじめである．真剣である
15) **节假日** jiéjiàrì：［名］祝日休日
16) **下属** xiàshǔ：［名］部下
17) **露面** lòu//miàn：［動］（人前に）姿を現わす．顔を出す
18) **勤奋** qínfèn：［形］（仕事や学習に）精を出す．勤勉である

p. 85

19) **一天到晚** yì tiān dào wǎn：［成］朝から晩まで．一日じゅう
20) **拼命** pīn//mìng：［動］一生懸命にやる．必死になってやる
21) **出门** chū//mén：［動］外出する
22) **一年到头** yì nián dào tóu：［成］年がら年じゅう．一年じゅう
23) **难得** nándé：［形］めったに〜しない
24) **团聚** tuánjù：［動］団らんする
25) **妻儿** qī'ér：［名］妻子
26) **欢乐** huānlè：［動］楽しくすごす

— 86 —

問20

中国語を聞いて、それぞれの質問に対して ⓐ〜ⓓ の中から最も適当なものを1つ選びなさい。

(1) 电视报道日本人平均一年劳动多长时间？
　　ⓐ
　　ⓑ
　　ⓒ
　　ⓓ

(2) 如果不加班，在日本会被怎么看待？
　　ⓐ
　　ⓑ
　　ⓒ
　　ⓓ

(3) 许多外国人赞美日本人什么？
　　ⓐ
　　ⓑ
　　ⓒ
　　ⓓ

(4) 她丈夫星期天在家干什么？
　　ⓐ
　　ⓑ
　　ⓒ
　　ⓓ

(5) 她为什么认为丈夫拼命工作没有意义？
　　ⓐ
　　ⓑ
　　ⓒ
　　ⓓ

➡ 解答は、解答篇 p 20

21 点头哈腰 Diǎntóu hāyāo

我有一个中国朋友说，最近自己越来越像日本人了。我问："这话怎么讲?"[1] 他说："现在给人打电话时，明明看不到对方[2]，却不由自主[3]地一个[4]劲儿鞠躬[5]。"看着他那边说边学的[6]点头哈腰[7]的样子，我笑得直不起[8]腰来。

这个朋友从事的是服务[9]行业[10]的工作，要点头哈腰行大礼[11]的时候特别多。他说："习惯这个东西是很可怕的，一旦沾上[12]，就很难改变[13]。"他举例说："现在回国探亲遇到老同学[14]、老朋友时，总是情不自禁地点头哈腰，同学会上[15]大家开他的玩笑，说他是不是在

日本　一直　受　人　欺负，才　变得　这么　谦恭？"
Rìběn　yìzhí　shòu　rén　qīfu,　cái　biànde　zhème　qiāngōng?"

我　忍不住　笑着　安慰　他："真　辛苦　你　了！"他
Wǒ　rěnbuzhù　xiàozhe　ānwèi　tā："Zhēn　xīnkǔ　nǐ　le！"Tā

却　认真　地　说："不过，从　这些　礼节上　确实　可以
què　rènzhēn　de　shuō："Búguò,　cóng　zhèxiē　lǐjiéshang　quèshí　kěyǐ

感觉到　日本　是　个　讲　礼仪　的　民族，生活在　这样
gǎnjuédào　Rìběn　shì　ge　jiǎng　lǐyí　de　mínzú,　shēnghuózài　zhèyàng

的　环境里，心情　还是　很　愉快　的。中国　的　礼仪
de　huánjìngli,　xīnqíng　háishi　hěn　yúkuài　de.　Zhōngguó　de　lǐyí

也　不　少，但　要　说　鞠躬　行　大礼　的话，人　的
yě　bù　shǎo,　dàn　yào　shuō　jūgōng　xíng　dàlǐ　dehuà,　rén　de

一生　中　恐怕　只　有　三　次，那　就是　婚礼上　的
yìshēng　zhōng　kǒngpà　zhǐ　yǒu　sān　cì,　nà　jiùshì　hūnlǐshang　de

三　拜：拜　天地，拜　父母，夫妻　互　拜。"
sān　bài：Bài　tiāndì,　bài　fùmǔ,　fūqī　hù　bài."

— 89 —

Check 21

【点头哈腰 Diǎntóu hāyāo】（ぺこぺこお辞儀をする）

p. 88

1）讲 jiǎng：[動] 説明する
2）对方 duìfāng：[名] 相手
3）不由自主 bù yóu zì zhǔ：[成]（体が）知らず知らず．ひとりでに
4）一个劲儿 yí ge jìnr：[慣] 休みなく続ける．しきりに〜し続ける
5）鞠躬 jū//gōng：[動] お辞儀をする
6）学 xué：[動] 真似る．模倣する
7）点头哈腰 diǎntóu hāyāo：ぺこぺこお辞儀をする
8）直不起 zhíbuqǐ：まっすぐに伸ばせない
9）从事 cóngshì：[動] 〜に従事する
10）服务行业 fúwù hángyè：[名] サービス業
11）行大礼 xíng dàlǐ：深々とお辞儀をする
12）沾 zhān：[動]（悪い習慣などに）染まる
13）改变 gǎibiàn：[動] 変える．変更する
14）老同学 lǎotóngxué：[名] 同窓
15）同学会 tóngxuéhuì：[名] 同窓会

p. 89

16）受人欺负 shòu rén qīfu：人にいじめられる
17）谦恭 qiāngōng：[形] 謙虚で礼儀正しい
18）安慰 ānwèi：[動] 慰める
19）礼节 lǐjié：[名] 礼節．礼儀のきまり
20）感觉 gǎnjué：[動]（〜ではないかと）思う．（〜のような）気がする
21）讲 jiǎng：[動] 重んじる．重視する
22）礼仪 lǐyí：[名] 儀礼
23）婚礼 hūnlǐ：[名] 結婚式

問21

中国語を聞いて、それぞれの質問に対してⓐ～ⓓの中から最も適当なものを1つ選びなさい。

(1) 他的这个中国朋友给人打电话时常做什么？
- ⓐ
- ⓑ
- ⓒ
- ⓓ

(2) 这个中国朋友从事什么工作？
- ⓐ
- ⓑ
- ⓒ
- ⓓ

(3) 同学会上大家开玩笑说他什么了？
- ⓐ
- ⓑ
- ⓒ
- ⓓ

(4) 这个中国朋友感觉到日本是个什么样的民族？
- ⓐ
- ⓑ
- ⓒ
- ⓓ

(5) 中国婚礼上有一项不能缺少的礼仪，是以下的哪种？
- ⓐ
- ⓑ
- ⓒ
- ⓓ

➡ 解答は、解答篇 p 21

22 国民性格 Guómín xìnggé

讲起 各国 人 的 性格 特点,¹⁾ 常 能 听到 一
Jiǎngqǐ gèguó rén de xìnggé tèdiǎn, cháng néng tīngdào yí

个 有趣²⁾ 的 比喻,³⁾ 说 是 有 一 条 豪华船 在
ge yǒuqù de bǐyù, shuō shì yǒu yì tiáo háohuáchuán zài

航海 中 遇难⁴⁾ 了, 这时 船长 向 各国 乘客
hánghǎi zhōng yùnàn le, zhèshí chuánzhǎng xiàng gèguó chéngkè

喊话,⁵⁾ 号召⁶⁾ 大家 跳水 自救。 他 对 美国人 喊:"谁
hǎnhuà, hàozhào dàjiā tiàoshuǐ zìjiù. Tā duì Měiguórén hǎn: "Shéi

跳进 水里, 谁 就是 英雄!" 他 又 对 意大利人⁷⁾
tiàojìn shuǐli, shéi jiùshì yīngxióng!" Tā yòu duì Yìdàlìrén

喊:"谁 跳进 水里, 女人 就 喜欢 谁。" 最后 对
hǎn: "Shéi tiàojìn shuǐli, nǚrén jiù xǐhuan shéi." Zuìhòu duì

日本人 喊:"大家 都 跳 了, 你 还 等 什么!"
Rìběnrén hǎn: "Dàjiā dōu tiào le, nǐ hái děng shénme!"

听起来, 这 只 是 一 个 笑话。 但 确实 言中⁸⁾
Tīngqǐlai, zhè zhǐ shì yí ge xiàohua. Dàn quèshí yánzhòng

了 日本人 身上 的 一 个 弱点: 自我 主张⁹⁾ 少,
le Rìběnrén shēnshang de yí ge ruòdiǎn: Zìwǒ zhǔzhāng shǎo,

随和¹⁰⁾ 周围 多。 说得 好听¹¹⁾ 点儿, 是 团队 精神¹²⁾ 强,
suíhé zhōuwéi duō. Shuōde hǎotīng diǎnr, shì tuánduì jīngshén qiáng,

说得 不 好听, 是 缺乏 鲜明¹³⁾ 的 个性。 确实 在
shuōde bù hǎotīng, shì quēfá xiānmíng de gèxìng. Quèshí zài

激烈¹⁴⁾ 的 竞争 中, 十 对 一 比 一 对 十 更
jīliè de jìngzhēng zhōng, shí duì yī bǐ yī duì shí gèng

— 92 —

容易取胜。团队精神固然重要,但是在各个领域都出现了各种多元化文化形态的今天,对每个人展示个性的要求显得更为强烈。仅以日中国际交往为例,过去多是国家与国家的交往,而现在个人与个人的交往更加频繁。比较善于表达和强调自我的中国人,恐怕有很多地方是值得日本人学习的。

说到这儿,脑海中不禁浮现了一个疑问,如果上面的那段有趣的比喻中有中国乘客的话,船长该怎么喊话呢?

Check 22

【**国民性格** Guómín xìnggé】（国民性）

p. 92

1) **特点** tèdiǎn：［名］特徴
2) **有趣** yǒuqù：［形］面白みがある．興味深い
3) **比喻** bǐyù：［名］比ゆ．たとえ
4) **遇难** yù//nàn：［動］遭難する
5) **喊话** hǎn//huà：［動］大声で呼びかける
6) **号召** hàozhào：［動］（大勢の人に）呼びかける
7) **意大利人** Yìdàlìrén：［名］イタリア人
8) **言中** yánzhòng：言い当る
9) **自我主张** zìwǒ zhǔzhāng：［名］自己主張
10) **随和** suíhe：［動］人とよく折り合う．周りに調子を合わせる
11) **好听** hǎotīng：［形］（言葉などが）耳に心地いい．聞きよい
12) **团队精神** tuánduì jīngshén：［名］団結心．チームワーク
13) **缺乏** quēfá：［動］（抽象的なものに対して）欠ける．足りない
14) **激烈** jīliè：［形］（競争が）激しい

p. 93

15) **展示** zhǎnshì：［動］はっきり示す．明らかに示す
16) **显得** xiǎnde：［動］（明らかに）〜のように思われる
17) **强烈** qiángliè：［形］（要求・主張などが）強い
18) **交往** jiāowǎng：［動］行き来する
19) **频繁** pínfán：［形］ひんぱんである
20) **善于** shànyú：［動］〜に長けている．〜に優れている
21) **脑海** nǎohǎi：［名］脳裏
22) **浮现** fúxiàn：［動］（隠れていたものが表面に）現れる

B 4

問22 中国語を聞いて、それぞれの質問に対して(a)〜(d)の中から最も適当なものを1つ選びなさい。

(1) 船长对日本人喊了什么话？
- (a) _____
- (b) _____
- (c) _____
- (d) _____

(2) 日本人身上有一个什么样的弱点？
- (a) _____
- (b) _____
- (c) _____
- (d) _____

(3) 现在什么样的交往更为频繁？
- (a) _____
- (b) _____
- (c) _____
- (d) _____

(4) 中国人比较善于什么？
- (a) _____
- (b) _____
- (c) _____
- (d) _____

(5) 他脑海中浮现了一个什么疑问？
- (a) _____
- (b) _____
- (c) _____
- (d) _____

➡ 解答は、解答篇 p 22

II 日本人眼里的中国

23 唐诗和学汉语 Tángshī hé xué Hànyǔ

上 高中 以后， 我 在 古汉文 课上 遇到 了
Shàng gāozhōng yǐhòu, wǒ zài gǔhànwén kèshang yùdào le

我 后来 学习 汉语 的 启蒙 老师。 这 是 一 位
wǒ hòulái xuéxí Hànyǔ de qǐméng lǎoshī. Zhè shì yí wèi

年轻 的 老师， 第一 堂 课上， 他 在 黑板上 写 了
niánqīng de lǎoshī, dìyī táng kèshang, tā zài hēibǎnshang xiě le

一 首 唐诗， 然后 就 大声 地 用 汉语 朗读起来，
yì shǒu tángshī, ránhòu jiù dàshēng de yòng Hànyǔ lǎngdúqǐlai,

好像 在 唱歌， 抑 扬 顿 挫 十分 清楚。 在 那
hǎoxiàng zài chànggē, yì yáng dùn cuò shífēn qīngchu. Zài nà

之前， 我 只 听过 用 日语 读 的 唐诗， 没 想到
zhīqián, wǒ zhǐ tīngguo yòng Rìyǔ dú de tángshī, méi xiǎngdào

汉语 发音 那么 美妙、 动听， 真 令 人 惊叹。 老师
Hànyǔ fāyīn nàme měimiào、 dòngtīng, zhēn lìng rén jīngtàn. Lǎoshī

读完 唐诗， 笑着 对 我们 说：" 用 汉语 读 唐诗
dúwán tángshī, xiàozhe duì wǒmen shuō: "Yòng Hànyǔ dú tángshī

既 能 表达 深刻 的 意境， 也 能 体现出 唐诗
jì néng biǎodá shēnkè de yìjìng, yě néng tǐxiànchū tángshī

优美、 清晰 的 音韵， 使 人 有 身 临 其 境 的
yōuměi、 qīngxī de yīnyùn, shǐ rén yǒu shēn lín qí jìng de

感觉。" 又 问："你们 不 觉得 吗？" 我们 一 个 劲儿
gǎnjué." Yòu wèn: "Nǐmen bù juéde ma ?" Wǒmen yí ge jìnr

地 点头 说："当然 觉得！" 老师 又 挠着 头 不
de diǎntóu shuō: "Dāngrán juéde !" Lǎoshī yòu náozhe tóu bù

— 96 —

好意思地说:"我是上大学后才学的汉语,
hǎoyìsi de shuō: "Wǒ shì shàng dàxué hòu cái xué de Hànyǔ,

虽然坚持到今天,但还是努力得不够,进步
suīrán jiānchídào jīntiān, dàn háishi nǔlìde bú gòu, jìnbù

很慢。"从那以后,我喜欢上了这位老师
hěn màn." Cóng nà yǐhòu, wǒ xǐhuanshàng le zhè wèi lǎoshī

的课,而且对汉语发生了浓厚的兴趣,开始
de kè, érqiě duì Hànyǔ fāshēng le nónghòu de xìngqù, kāishǐ

听广播,看电视,跟讲座学发音。后来我
tīng guǎngbō, kàn diànshì, gēn jiǎngzuò xué fāyīn. Hòulái wǒ

觉得发音确实很难,仅靠自学,是很难
juéde fāyīn quèshí hěn nán, jǐn kào zìxué, shì hěn nán

学好的。于是决定高中毕业后,报考大学,
xuéhǎo de. Yúshì juédìng gāozhōng bìyè hòu, bàokǎo dàxué,

专攻汉语。
zhuāngōng Hànyǔ.

两年后,当我把被大学录取的消息
Liǎng nián hòu, dāng wǒ bǎ bèi dàxué lùqǔ de xiāoxi

告诉这位老师时,他非常高兴,并赠送我
gàosu zhè wèi lǎoshī shí, tā fēicháng gāoxìng, bìng zèngsòng wǒ

一句名言:书山有路勤为径,学海无
yí jù míngyán: Shū shān yǒu lù qín wéi jìng, xué hǎi wú

涯苦作舟。
yá kǔ zuò zhōu.

Check 23

【唐诗和学汉语 Tángshī hé xué Hànyǔ】（唐詩と中国語学習）

p. 96

1) **古汉文** gǔhànwén：［名］漢文
2) **启蒙老师** qǐméng lǎoshī：［名］ある学問へ手ほどきをしてくれる先生
3) **抑扬顿挫** yì yáng dùn cuò：［成］抑揚があり、メリハリが利いている
4) **美妙** měimiào：［形］（音声・夢などが）美しい
5) **动听** dòngtīng：［形］（歌声などが）感動的である．心地よい
6) **惊叹** jīngtàn：［動］驚嘆する
7) **深刻** shēnkè：［形］深い
8) **意境** yìjìng：［名］（作者が作品の中に表わす）境地．情緒
9) **体现** tǐxiàn：［動］具現する．体現する
10) **优美** yōuměi：［形］（旋律や風景などが）美しい
11) **音韵** yīnyùn：［名］韻律．メロディ
12) **身临其境** shēn lín qí jìng：［成］その場に身を置く
13) **点头** diǎn//tóu：［動］うなずく
14) **挠头** náo//tóu：［動］頭をかく

p. 97

15) **不好意思** bù hǎoyìsi：［慣］気恥ずかしい．照れくさい
16) **浓厚** nónghòu：［形］（興味・雰囲気などが）濃厚である．強い
17) **听广播** tīng guǎngbō：ラジオを聞く
18) **靠** kào：［動］頼る
19) **报考** bàokǎo：［動］試験に出願する
20) **专攻** zhuāngōng：［動］専攻する
21) **录取** lùqǔ：［動］（試験によって）選抜採用する
22) **消息** xiāoxi：［名］知らせ．ニュース
23) **赠送** zèngsòng：［動］贈る．贈呈する
24) **书山有路勤为径，学海无涯苦作舟**：［諺］書物の山に道があるとすれば勤勉さが道であり、学問の海原は果てしないが苦労が舟となる（唐の詩人韓愈による）

問23 中国語を聞いて、それぞれの質問に対してⓐ～ⓓの中から最も適当なものを1つ選びなさい。

（1）他在什么地方遇到了学汉语的启蒙老师？
　　ⓐ
　　ⓑ
　　ⓒ
　　ⓓ

（2）在第一堂课上老师在黑板上写了什么？
　　ⓐ
　　ⓑ
　　ⓒ
　　ⓓ

（3）老师是什么时候学的汉语？
　　ⓐ
　　ⓑ
　　ⓒ
　　ⓓ

（4）他觉得汉语什么最难？
　　ⓐ
　　ⓑ
　　ⓒ
　　ⓓ

（5）老师赠送他什么了？
　　ⓐ
　　ⓑ
　　ⓒ
　　ⓓ

➡ 解答は、解答篇 p 23

24 字谜 Zìmí

中国 谜语 很 多，其中 字谜 可以 说 是 一
个 特色。比如 这样 的 字谜，谜面：镜 中 人。
谜底：入。这 是 因为 "人" 这个 字，照在 镜子里
就是 "入" 这个 字。还 比如，谜面：看 上边儿 它
在 下边儿，看 下边儿 它 在 上边儿。谜底：一。说
的 是 看 "上" 这个 字 时，"一" 在 下边儿，看
"下" 这个 字 时，"一" 在 上边儿。类似 这样 的
字谜 常常 出现在 中国 的 报纸 或 杂志 的
一角，有些 字谜 相当 难 猜，甚至 会 难倒 很
多 知识 分子。

中国 的 汉字 不仅 是 符号，它 还 可以
丰富 人 的 想像力。比如，看 "川"，自然 会 想到

河流，看"坐"，眼前会浮现出两个人坐在土地上的情景。还有些中国的汉字和日本的常用汉字相比，看似一样却有差异。比如骨头的"骨"这个字，汉语写"骨"，日语写"骨"，上面只有一个笔画方向相反，令人费解。

几年前，正是这些神秘的汉字把我带上了学汉语的道路。最近我正准备报考汉语检定考试。平时常帮我分担家务的丈夫冲我做鬼脸，说："好好儿考，可别带个大鸭蛋回来！"我拍拍胸脯，说："放心，一定给你带回来一根油条和两个大饼！"

Check 24

【字谜 Zìmí】（漢字のなぞなぞ）

p. 100

1) **谜语** míyǔ：[名] なぞなぞ
2) **字谜** zìmí：[名] 漢字当てのなぞなぞ
3) **谜面** mímiàn：[名] なぞなぞを解くヒント
4) **谜底** mídǐ：[名] なぞなぞの答え
5) **照** zhào：[動]（鏡に）映る
6) **类似** lèisì：[動] 似通っている
7) **一角** yìjiǎo：[名] 隅．全体の一部
8) **猜** cāi：[動] 推測する．当てる
9) **难倒** nándǎo：難しくてお手上げにさせる．閉口させる
10) **知识分子** zhīshi fènzǐ：[名] インテリ．知識人
11) **丰富** fēngfù：[動] 豊富にする．豊かにする

p. 101

12) **土地** tǔdì：[名] 地面
13) **差异** chāyì：[名] 差異．違い
14) **骨头** gǔtou：[名] 骨
15) **笔画** bǐhuà：[名] 字画．画数
16) **费解** fèijiě：[形] 難解である
17) **带** dài：[動] 導く．誘う
18) **汉语检定考试** Hànyǔ Jiǎndìng Kǎoshì：[名] 中国語検定試験
19) **家务** jiāwù：[名] 家事
20) **做鬼脸** zuò guǐliǎn：おどけた顔をする．あかんべえをする
21) **大鸭蛋** dà yādàn：「アヒルの大きな卵」の意味から、テストの0点を表わす
22) **拍胸脯** pāi xiōngpú：（自信ありげに）胸をたたく
23) **放心** fàng//xīn：[動] 安心する
24) **一根油条和两个大饼** yì gēn yóutiáo hé liǎng ge dàbǐng：「1本の揚げパンと2枚のお焼き」の意味から、テストの100点を表わす

問24 中国語を聞いて、それぞれの質問に対して ⓐ～ⓓ の中から最も適当なものを１つ選びなさい。

(1) 在哪儿能看到字谜？
 ⓐ
 ⓑ
 ⓒ
 ⓓ

(2) 中国的汉字可以丰富人们的什么？
 ⓐ
 ⓑ
 ⓒ
 ⓓ

(3) 骨头的"骨"这个字，汉语和日语哪儿不一样？
 ⓐ
 ⓑ
 ⓒ
 ⓓ

(4) 汉字把她带上了什么道路？
 ⓐ
 ⓑ
 ⓒ
 ⓓ

(5) "一根油条和两个大饼"表示什么意思？
 ⓐ
 ⓑ
 ⓒ
 ⓓ

➡ 解答は、解答篇 p 24

25 读《论语》 Dú《Lúnyǔ》 难易度 B

最近 儿子 放学 一 回到 家 就 开始 背诵
Zuìjìn érzi fàngxué yì huídào jiā jiù kāishǐ bèisòng

古文：学 而 时 习 之， 不 亦 说 乎。 有 朋 自
gǔwén：Xué ér shí xí zhī, bú yì yuè hū. Yǒu péng zì

远 方 来， 不 亦 乐 乎。…… 这些 古文 都 出自
yuǎn fāng lái, bú yì lè hū. …… Zhèxiē gǔwén dōu chūzì

《论语》。 受 儿子 的 影响， 我 也 跑到 书店 买 了
《Lúnyǔ》. Shòu érzi de yǐngxiǎng, wǒ yě pǎodào shūdiàn mǎi le

一 本， 津 津 乐 道 地 读 了 起来。
yì běn, jīn jīn lè dào de dú le qǐlai.

其实 学生 时代 我 也 读过 《论语》， 当时 觉得
Qíshí xuésheng shídài wǒ yě dúguo 《Lúnyǔ》, dāngshí juéde

词句 生涩， 难 读 难 懂。 可 事 隔 多 年， 重新
cíjù shēngsè, nán dú nán dǒng. Kě shì gé duō nián, chóngxīn

翻开 这 本 古书， 才 觉得 孔子 说 的 并 没有
fānkāi zhè běn gǔshū, cái juéde Kǒngzǐ shuō de bìng méiyou

什么 高深 难 懂 的， 都 是 我们 这些 凡 夫
shénme gāoshēn nán dǒng de, dōu shì wǒmen zhèxiē fán fū

俗 子 在 日常 生活 中 可 见 可 做 的。 比如
sú zǐ zài rìcháng shēnghuó zhōng kě jiàn kě zuò de. Bǐrú

"过 则 勿 惮 改"， 意思 是：人 犯 了 错误， 只要
"guò zé wù dàn gǎi", yìsi shì：Rén fàn le cuòwu, zhǐyào

意识到 就 应该 马上 改正。 还 有 "巧 言 令
yìshídào jiù yīnggāi mǎshàng gǎizhèng. Hái yǒu "qiǎo yán lìng

— 104 —

色，鲜矣仁"[17)，意思是：会说好听话的人，
sè, xiǎn yǐ rén", yìsi shì: Huì shuō hǎotīng huà de rén,

没有好人。另外"己所不欲，勿施于人"[18)。
méiyou hǎorén. Lìngwài "jǐ suǒ bú yù, wù shī yú rén".

意思是：自己不想要的东西，不要强加给[19)
Yìsi shì: Zìjǐ bù xiǎng yào de dōngxi, búyào qiángjiāgěi

别人。二十多年过去了，今天我已步入[20)知
biéren. Èrshí duō nián guòqu le, jīntiān wǒ yǐ bùrù zhī

天命之年[21)，当再听儿子的朗朗[22)咏读声[23)
tiānmìng zhī nián, dāng zài tīng érzi de lǎnglǎng yǒngdúshēng

时，不觉感到孔子真不愧[24)是位两千多年
shí, bùjué gǎndào Kǒngzǐ zhēn búkuì shì wèi liǎngqiān duō nián

来深受世人推崇[25)的圣人[26)，《论语》也是本
lái shēn shòu shìrén tuīchóng de shèngrén, 《Lúnyǔ》 yě shì běn

超越国境、超越时代的圣书[27)。
chāoyuè guójìng, chāoyuè shídài de shèngshū.

— 105 —

Check 25

【读《论语》 Dú《Lúnyǔ》】(『論語』を読む)

p. 104

1) **放学** fàng//xué：[動] 学校がひける
2) **背诵** bèisòng：[動] 暗誦する
3) **学而时习之，不亦说乎。有朋自远方来，不亦乐乎。**：(論語) 学んでは適当な時期におさらいする、いかにも心嬉しいことだ。友が遠くから訪ねてくる、いかにも楽しいことだ。
4) **论语** Lúnyǔ：[名] 論語（孔子と彼の高弟の言行を孔子の死後、弟子たちが書物に著したもの）
5) **津津乐道** jīn jīn lè dào：[成] 興に乗って楽しそうに話す
6) **词句生涩** cíjù shēngsè：言葉が固い
7) **难读难懂** nán dú nán dǒng：読みづらく分かりにくい
8) **事隔多年** shì gé duō nián：[成] 久方ぶりに
9) **翻开** fānkāi：[動] (ページを) めくる
10) **孔子** Kǒngzǐ：[名] 孔子（前551－前479年）
11) **高深** gāoshēn：[形] 造詣が深い
12) **凡夫俗子** fán fū sú zǐ：[成] 凡人
13) **可见可做** kě jiàn kě zuò：見かけることができるし、やればできる
14) **过则勿惮改**：(論語) 誤りを犯したら、すぐに改めなければならない
15) **犯错误** fàn cuòwu：ミスをする．誤りを犯す
16) **改正** gǎizhèng：[動]（誤ったものを）正す．改める

p. 105

17) **巧言令色，鲜矣仁**：(論語) 言葉を飾り、表情をつくろう人には思いやりの心が少ない
18) **己所不欲，勿施于人**：(論語) 自分がしてほしくないことを人にしてはいけない
19) **强加** qiángjiā：[動] 無理に押しつける
20) **步入** bùrù：[動]（ある時代や時期に）さしかかる
21) **知天命之年** zhī tiānmìng zhī nián：[名] 天命を知る年齢（50歳のこと）
22) **朗朗** lǎnglǎng：[形] 声が大きくよくとおる．朗朗としている
23) **咏读声** yǒngdúshēng：[名]（詩歌を）詠む声
24) **不愧** búkuì：[動] ～に恥じない．さすがに～だけのことはある
25) **受推崇** shòu tuīchóng：推賞される
26) **圣人** shèngrén：[名] 聖人
27) **圣书** shèngshū：[名] 聖典

問25 中国語を聞いて、それぞれの質問に対して@～@の中から最も適当なものを1つ選びなさい。

(1) 最近谁开始背诵古文？
   ⓐ _____
   ⓑ _____
   ⓒ _____
   ⓓ _____

(2) 他受儿子的影响买了什么书？
   ⓐ _____
   ⓑ _____
   ⓒ _____
   ⓓ _____

(3) 他最近重读《论语》感觉怎么样？
   ⓐ _____
   ⓑ _____
   ⓒ _____
   ⓓ _____

(4) "巧言令色，鲜矣仁"是什么意思？
   ⓐ _____
   ⓑ _____
   ⓒ _____
   ⓓ _____

(5) 他觉得谁是深受世人推崇的圣人？
   ⓐ _____
   ⓑ _____
   ⓒ _____
   ⓓ _____

➡ 解答は、解答篇 p 25

26 学书法 Xué shūfǎ

记得那还是中学¹⁾时代的事儿。在第一堂书法²⁾课上，老师让我们每人写一个自己喜欢的字。我从小就对写字缺乏信心，想来想去³⁾决定选一个笔画少、好写的字，最后大胆地一笔一画地⁴⁾写了一个"大"字。一个星期过去了，在第二堂书法课上，老师开始对每个人写的字做讲评，轮到⁵⁾我的时候老师是这样讲的：这个"大"字，写得又大又有力⁶⁾，让人看了觉得很舒服。这是我有生以来⁷⁾，第一次写字受表扬⁸⁾，心里很激动！

在这堂课的最后，老师向全班同学⁹⁾

说："俗话 说 '看 字 如 看 人'，练字 很 重要。
shuō: "Súhuà shuō 'kàn zì rú kàn rén', liànzì hěn zhòngyào.

练字 固然 有 技巧，但 不 能 全 凭 技巧，必须
Liànzì gùrán yǒu jìqiǎo, dàn bù néng quán píng jìqiǎo, bìxū

用心 一 个 字 一 个 字 地 写，要 写 '力'，就
yòngxīn yí ge zì yí ge zì de xiě, yào xiě 'lì', jiù

得 让 人 感觉到 力量，要 写 '爱'，就 得 让 人
děi ràng rén gǎnjuédào lìliang, yào xiě 'ài', jiù děi ràng rén

感觉到 温暖，要 写 '笑'，就 得 让 人 感觉到
gǎnjuédào wēnnuǎn, yào xiě 'xiào', jiù děi ràng rén gǎnjuédào

高兴。" 老师 的 这 番 话 给 我 留下 了 很 深
gāoxìng." Lǎoshī de zhè fān huà gěi wǒ liúxià le hěn shēn

的 印象。
de yìnxiàng.

从 那 以后，我 耐心 地、认真 地 按着 老师
Cóng nà yǐhòu, wǒ nàixīn de, rènzhēn de ànzhe lǎoshī

的 话 去 做，开始 喜欢上 了 写 字。直到 现在，
de huà qù zuò, kāishǐ xǐhuanshàng le xiě zì. Zhídào xiànzài,

虽然 一般 处理 文字 文件 都 离不开 电脑，但
suīrán yìbān chǔlǐ wénzì wénjiàn dōu líbukāi diànnǎo, dàn

只要 是 给 人 写信，我 还是 坚持 一 笔 一 画，
zhǐyào shì gěi rén xiěxìn, wǒ háishi jiānchí yì bǐ yí huà,

一 字 一 句，工工整整 地 手写。
yí zì yí jù, gōnggongzhěngzhěng de shǒuxiě.

— 109 —

Check 26

【学书法 Xué shūfǎ】（書道を習う）

p. 108

1) **中学** zhōngxué：［名］中学
2) **书法** shūfǎ：［名］書道
3) **想来想去** xiǎng lái xiǎng qù：あれこれ考える
4) **一笔一画** yì bǐ yí huà：［名］（字を書く時の）一点一画
5) **轮** lún：［動］番が回る．順番にする
6) **有力** yǒulì：［形］力強い
7) **有生以来** yǒu shēng yǐ lái：［成］生れてこの方
8) **受表扬** shòu biǎoyáng：ほめられる
9) **全班** quánbān：［名］クラス全員

p. 109

10) **俗话** súhuà：［名］ことわざ
11) **看字如看人** kàn zì rú kàn rén：［諺］字は人を表わす
12) **练字** liàn//zì：［動］字を練習する．習字をする
13) **凭** píng：［動］頼る．頼りにする
14) **用心** yòng//xīn：［動］心を込める．身を入れる
15) **温暖** wēnnuǎn：［形］（雰囲気が）暖かい
16) **留下** liúxià：残る
17) **耐心** nàixīn：［形］辛抱強い．根気がよい
18) **直到** zhídào：［動］（ある時間・程度に）至る．なる
19) **处理文字文件** chǔlǐ wénzì wénjiàn：文書をつくる
20) **离不开** líbukāi：離れられない．切り離せない
21) **电脑** diànnǎo：［名］パソコン
22) **工工整整** gōnggongzhěngzhěng：［形］（文字が）きちんとしている．整っている
23) **手写** shǒuxiě：［動］手書きする

問26

中国語を聞いて、それぞれの質問に対してⓐ～ⓓの中から最も適当なものを1つ選びなさい。

(1) 在书法课上老师让大家做什么？
　　ⓐ
　　ⓑ
　　ⓒ
　　ⓓ

(2) 她为什么写"大"字？
　　ⓐ
　　ⓑ
　　ⓒ
　　ⓓ

(3) 她为什么心里很激动？
　　ⓐ
　　ⓑ
　　ⓒ
　　ⓓ

(4) 为了鼓励学生写好，老师引用了一句什么俗语？
　　ⓐ
　　ⓑ
　　ⓒ
　　ⓓ

(5) 她现在给人写信时，坚持怎么做？
　　ⓐ
　　ⓑ
　　ⓒ
　　ⓓ

➡ 解答は、解答篇 p 26

27 关帝庙 Guāndìmiào

我是一个被大家公认的"三国"迷。
Wǒ shì yí ge bèi dàjiā gōngrèn de "Sānguó" mí.

最初读《三国》是在初中,书中那些英雄
Zuìchū dú «Sānguó» shì zài chūzhōng, shū zhōng nàxiē yīngxióng

豪杰深深地吸引了我,其中我最崇拜的
háojié shēnshēn de xīyǐn le wǒ, qízhōng wǒ zuì chóngbài de

人物是关羽。在中国人们称关羽为
rénwù shì Guān Yǔ. Zài Zhōngguó rénmen chēng Guān Yǔ wéi

"关公"。
"Guāngōng".

中国各地都有祭拜关公的庙,有人
Zhōngguó gèdì dōu yǒu jìbài Guāngōng de miào, yǒu rén

推荐给我说,关公的故乡——山西省运城
tuījiàngěi wǒ shuō, Guāngōng de gùxiāng —— Shānxī Shěng Yùnchéng

的关帝庙是最值得看的。今年我去拜访
de guāndìmiào shì zuì zhíde kàn de. Jīnnián wǒ qù bàifǎng

那座庙,果然名不虚传。庙的规模不像
nà zuò miào, guǒrán míng bù xū chuán. Miào de guīmó bú xiàng

山东的孔子庙那么大,但建筑风格独特、
Shāndōng de Kǒngzǐmiào nàme dà, dàn jiànzhù fēnggé dútè、

美丽,参观之后,我又去旁边的礼品店,那里
měilì, cānguān zhīhòu, wǒ yòu qù pángbiān de lǐpǐndiàn, nàli

摆着各种关公的塑像。为人忠厚,讲究信义
bǎizhe gèzhǒng Guāngōng de sùxiàng. Wéirén zhōnghòu, jiǎngjiu xìnyì

的 关公，在 中国 被 人们 看做[16) 是 生意人 的
de Guāngōng, zài Zhōngguó bèi rénmen kànzuò shì shēngyirén de

财神爷[17)，买 关公 塑像 的 人 很 多。我 也 凑[18)
cáishényé, mǎi Guāngōng sùxiàng de rén hěn duō. Wǒ yě còu

了 上去，只见 塑像 关公 昂 头 挺 胸，威 风[19)
le shàngqu, zhǐjiàn sùxiàng Guāngōng áng tóu tǐng xiōng, wēi fēng

凛凛[20)，我 连 价 都 没 砍[21) 就 要[22) 了 两 个，
lǐn lǐn, wǒ lián jià dōu méi kǎn jiù yào le liǎng ge,

打算 一 个 留给 自己，一 个 送给 在 日本 开
dǎsuan yí ge liúgěi zìjǐ, yí ge sònggěi zài Rìběn kāi

中国 饭馆儿 的 朋友。
Zhōngguó fànguǎnr de péngyou.

回国 后 我 马上 去 见 这个 朋友，他 说："说
Huíguó hòu wǒ mǎshàng qù jiàn zhège péngyou, tā shuō : "Shuō

曹 操，曹 操 到[23)。" 当 我 把 远 道 而 来[24) 的
Cáo Cāo, Cáo Cāo dào." Dāng wǒ bǎ yuǎn dào ér lái de

礼物 送 他 时，他 喜 出 望 外[25) 地 说："这下
lǐwù sòng tā shí, tā xǐ chū wàng wài de shuō : "Zhèxià

可 好 了，最近 正[26) 愁[27) 买卖 不 好 做 呢，你
kě hǎo le, zuìjìn zhèng chóu mǎimai bù hǎo zuò ne, nǐ

帮 我 请来[28) 了 财神爷 —— 关公，生意 一定 会
bāng wǒ qǐnglái le cáishényé —— Guāngōng, shēngyi yídìng huì

好起来！"
hǎoqǐlai !"

Check 27

【关帝庙 Guāndìmiào】（関帝廟）

p. 112

1) 三国 Sānguó：［名］（書名）三国志演義
2) 初中 chūzhōng：［名］中学
3) 崇拝 chóngbài：［動］信奉する．～のファンである
4) 关羽 Guān Yǔ：［名］関羽（？－220年）
5) 关公 Guāngōng：［名］関羽に対する尊称
6) 祭拝 jìbài：［動］祭る
7) 庙 miào：［名］寺
8) 推荐 tuījiàn：［動］推薦する．薦める
9) 关帝庙 guāndìmiào：［名］関帝廟（かんていびょう）
10) 拝访 bàifǎng：［動］（目上の人などを）訪ねる
11) 名不虚传 míng bù xū chuán：［成］評判どおりである
12) 礼品店 lǐpǐndiàn：［名］土産物屋
13) 塑像 sùxiàng：［名］（粘土・石膏で作った）像
14) 为人忠厚 wéirén zhōnghòu：人柄が誠実で温厚である
15) 讲究 jiǎngjiu：［動］重んじる

p. 113

16) 看做 kànzuò：［動］～だと見なす．～だと考える
17) 財神爷 cáishényé：［名］商いの神様
18) 凑 còu：［動］近寄る．近づく
19) 昂头挺胸 áng tóu tǐng xiōng：［成］頭を上げて胸を張る
20) 威风凛凛 wēi fēng lǐn lǐn：［成］威風堂々としている
21) 砍价 kǎn//jià：［動］値切る
22) 要 yào：［動］（人から）もらう
23) 说曹操，曹操到 shuō Cáo Cāo, Cáo Cāo dào：［諺］噂をすれば影が差す
24) 远道而来 yuǎn dào ér lái：［成］遠路はるばるやってくる
25) 喜出望外 xǐ chū wàng wài：［成］思いがけずうれしいことに出会い大喜びする
26) 愁 chóu：［動］心配する．悩む
27) 买卖 mǎimai：［名］商売
28) 请 qǐng：［動］招く．呼ぶ

問27 中国語を聞いて、それぞれの質問に対して@〜@の中から最も適当なものを1つ選びなさい。

(1) "三国"中他最崇拜谁？
   ⓐ
   ⓑ
   ⓒ
   ⓓ

(2) 他拜访关帝庙后觉得怎么样？
   ⓐ
   ⓑ
   ⓒ
   ⓓ

(3) 中国人把关羽看做什么？
   ⓐ
   ⓑ
   ⓒ
   ⓓ

(4) 他买了两个关公塑像，一个给自己，另一个给谁？
   ⓐ
   ⓑ
   ⓒ
   ⓓ

(5) 他朋友为什么收到关公像后非常高兴？
   ⓐ
   ⓑ
   ⓒ
   ⓓ

➡ 解答は、解答篇 p 27

28 二胡演奏　Èrhú yǎnzòu

在　我　生日　的　前　一　天，　女儿　寄来¹⁾　了　贺卡²⁾，
Zài　wǒ　shēngri　de　qián　yì　tiān,　nǚ'ér　jìlai　le　hèkǎ,

上面　写着：妈妈，　祝　你　生日　快乐³⁾！　贺卡　的　信封里⁴⁾
shàngmian　xiězhe : Māma,　zhù　nǐ　shēngri　kuàilè !　Hèkǎ　de　xìnfēngli

还　夹着　两　张　票，　票　的　背面⁵⁾　写着：请　妈妈
hái　jiāzhe　liǎng　zhāng　piào,　piào　de　bèimiàn　xiězhe : Qǐng　māma

和　爸爸　去　听　二胡　演奏⁶⁾。
hé　bàba　qù　tīng　èrhú　yǎnzòu.

女儿　不　和　我们　住在　一起，　听说　最近　她
Nǚ'ér　bù　hé　wǒmen　zhùzài　yìqǐ,　tīngshuō　zuìjìn　tā

热中于⁷⁾　欣赏　中国　传统　乐器　二胡　的　曲子。
rèzhōngyú　xīnshǎng　Zhōngguó　chuántǒng　yuèqì　èrhú　de　qǔzi.

其实　我　也　很　喜欢　二胡，　手头儿⁸⁾　收集　了　许多
Qíshí　wǒ　yě　hěn　xǐhuan　èrhú,　shǒutóur　shōují　le　xǔduō

二胡　演奏曲　的　CD，　一　有　时间　就　听，　最　喜欢
èrhú　yǎnzòuqǔ　de　CD,　yì　yǒu　shíjiān　jiù　tīng,　zuì　xǐhuan

的　是　《赛马》⁹⁾　这　首　曲子。　乐曲　奏起，　人们　犹如
de　shì　《Sàimǎ》　zhè　shǒu　qǔzi.　Yuèqǔ　zòuqǐ,　rénmen　yóurú

置身在¹⁰⁾　一　片　辽阔　无　边¹¹⁾　的　大　草原上，　眼前
zhìshēnzài　yí　piàn　liáo　kuò　wú　biān　de　dà　cǎoyuánshang,　yǎnqián

一　群　骏马¹²⁾　在　奔驰，　那　逼真¹³⁾　的　马蹄声¹⁴⁾　很　难
yì　qún　jùnmǎ　zài　bēnchí,　nà　bīzhēn　de　mǎtíshēng　hěn　nán

想像　是　出自　两　根　琴弦。　那　乐曲　雄壮¹⁵⁾，　奔放¹⁶⁾，
xiǎngxiàng　shì　chūzì　liǎng　gēn　qínxián.　Nà　yuèqǔ　xióngzhuàng,　bēnfàng,

令人精神焕发。

应女儿的邀请，我和爱人去听了音乐会，舞台上一位女演奏家为大家拉起了一首首精彩的乐曲，音色时而甜美，时而悲伤，时而激昂，我们完全沉浸在这动人心弦的乐曲之中，不禁感叹道："除二胡外，哪儿还有一种乐器能这么大胆、细腻、生动地表现人间情感和大千世界？"两个多小时转眼就过去了，由衷地感谢女儿给了我们老两口儿这么愉快、幸福的时光。

Check 28

【二胡演奏 Èrhú yǎnzòu】（二胡の演奏）

p. 116

1）寄 jì：［動］郵送する
2）贺卡 hèkǎ：［名］グリーティングカード
3）生日快乐 shēngri kuàilè：ハッピーバースデー
4）信封 xìnfēng：［名］封筒
5）背面 bèimiàn：［名］裏．裏面
6）二胡 èrhú：［名］二胡（にこ）
7）欣赏 xīnshǎng：［動］鑑賞する
8）手头儿 shǒutóur：［名］手元．手近
9）赛马 Sàimǎ：（曲目）競馬
10）置身 zhìshēn：［動］（状況・環境の中に）身を置く
11）辽阔无边 liáo kuò wú biān：［成］広々と果てしがない
12）奔驰 bēnchí：［動］疾走する
13）逼真 bīzhēn：［形］真に迫っている．リアルである
14）马蹄声 mǎtíshēng：［名］馬のひづめの音
15）雄壮 xióngzhuàng：［形］（歌や曲などが）勇壮である
16）奔放 bēnfàng：［形］（作風が）奔放である．のびのびしている

p. 117

17）精神焕发 jīngshén huànfā：元気がみなぎっている
18）拉 lā：［動］（弦楽器を）弾く．奏でる
19）甜美 tiánměi：［形］心地よい．甘美である
20）悲伤 bēishāng：［形］悲しげである
21）激昂 jī'áng：［形］（感情・口調が）激高している．高ぶっている
22）动人心弦 dòng rén xīn xián：［成］心の琴線に触れる
23）细腻 xìnì：［形］きめ細やかである．繊細である
24）人间情感 rénjiān qínggǎn：［名］人の感情
25）大千世界 dà qiān shì jiè：［成］広大無辺な世界
26）由衷 yóuzhōng：［動］本心から発する．心から発する
27）老两口儿 lǎoliǎngkǒur：［名］老夫婦
28）时光 shíguāng：［名］時間

B 16

問28 　中国語を聞いて、それぞれの質問に対してⓐ～ⓓの中から最も適当なものを1つ選びなさい。

(1) 她过生日的前一天收到了什么？
　　ⓐ
　　ⓑ
　　ⓒ
　　ⓓ

(2) 她女儿请她们夫妻俩听什么音乐会？
　　ⓐ
　　ⓑ
　　ⓒ
　　ⓓ

(3) 她最喜欢的二胡曲叫什么？
　　ⓐ
　　ⓑ
　　ⓒ
　　ⓓ

(4) 舞台上谁为大家演奏？
　　ⓐ
　　ⓑ
　　ⓒ
　　ⓓ

(5) 她由衷地感谢谁？
　　ⓐ
　　ⓑ
　　ⓒ
　　ⓓ

➡ 解答は、解答篇 p 28

29 中国电影 Zhōngguó diànyǐng

在 亚洲 电影节上 我 看 了 一 个 名 叫
Zài Yàzhōu diànyǐngjiéshang wǒ kàn le yí ge míng jiào

《向日葵》 的 中国 电影， 讲 的 是 这样 一 个
《Xiàngrìkuí》 de Zhōngguó diànyǐng, jiǎng de shì zhèyàng yí ge

故事： 一 个 曾经 有过 画家 天赋 的 父亲， 因为
gùshi : Yí ge céngjīng yǒuguo huàjiā tiānfù de fùqin, yīnwèi

文化 大革命 自己 的 梦想 没 能 实现， 想 把
Wénhuà dàgémìng zìjǐ de mèngxiǎng méi néng shíxiàn, xiǎng bǎ

这个 梦想 寄托在 孩子 身上， 因而 对 孩子 严加
zhège mèngxiǎng jìtuōzài háizi shēnshang, yīn'ér duì háizi yánjiā

管教， 但 孩子 并 不 听从， 父子 之间 产生 了
guǎnjiào, dàn háizi bìng bù tīngcóng, fùzǐ zhījiān chǎnshēng le

很 多 纠葛， 但 最终 孩子 还是 走上 了 画家 之
hěn duō jiūgé, dàn zuìzhōng háizi háishi zǒushàng le huàjiā zhī

路。 这 是 一 部 上座率 很 高 的 影片， 我 也
lù. Zhè shì yí bù shàngzuòlù hěn gāo de yǐngpiàn, wǒ yě

被 电影 中 那 动人 的 情节 所 感动。 近 十
bèi diànyǐng zhōng nà dòngrén de qíngjié suǒ gǎndòng. Jìn shí

年 来， 包括 这 部 电影 在内， 我 已经 看 了 几
nián lái, bāokuò zhè bù diànyǐng zàinèi, wǒ yǐjing kàn le jǐ

十 部 中国 电影。 如 《那 山 那 人 那 狗》《我
shí bù Zhōngguó diànyǐng. Rú 《Nà shān nà rén nà gǒu》《Wǒ

的 父亲 母亲》《和 你 在 一起》 等。 我 通过 题材
de fùqin mǔqin》《Hé nǐ zài yìqǐ》 děng. Wǒ tōngguò tícái

多样，内容丰富的电影，了解到中国的风土人情，触摸到中国百姓的内心世界。而且，一时兴起，还从去年开始，以中国为题，建立了自己的网页。在那儿设了电影欣赏专栏，把自己曾经看过的电影的观后感都写在了上面，不时会引来志趣相投者的反应，还有人借此向我推荐新片儿，《向日葵》就是他们介绍给我的。

中国电影有一个共同的特点，就是场面宏大，情节感人，描写大胆，这也许是因为国土广大，历史悠久吧。我今后还要继续通过网页，和大家分享这份乐趣。

Check 29

【中国电影 Zhōngguó diànyǐng】（中国映画）

p. 120

1） 亚洲电影节 Yàzhōu diànyǐngjié：［名］アジア映画祭
2） 向日葵 Xiàngrìkuí：（邦題）胡同（フートン）のひまわり（2005年作品）
3） 天赋 tiānfù：［名］生まれつき備わっている才能．天賦の才
4） 文化大革命 Wénhuà dàgémìng：［名］文化大革命（1966年～1976年）
5） 寄托 jìtuō：［動］（希望・理想などを）託す
6） 管教 guǎnjiào：［動］（子供を）しつける．教え込む
7） 听从 tīngcóng：［動］聞き従う
8） 产生 chǎnshēng：［動］（今までなかったものが）生まれる．生じる
9） 纠葛 jiūgé：［名］もめごと．ごたごた
10） 上座率 shàngzuòlǜ：［名］（映画や演劇の）観客の入り
11） 影片 yǐngpiàn：［名］（作品としての）映画
12） 动人 dòngrén：［形］（人を）感動させる
13） 那山那人那狗 Nà shān nà rén nà gǒu：（邦題）山の郵便配達（1999年作品）
14） 我的父亲母亲 Wǒ de fùqin mǔqin：（邦題）初恋のきた道（2000年作品）
15） 和你在一起 Hé nǐ zài yìqǐ：（邦題）北京ヴァイオリン（2002年作品）

p. 121

16） 了解 liǎojiě：［動］理解する．はっきり知る
17） 触摸 chùmō：［動］触れる
18） 百姓 bǎixìng：［名］一般大衆．庶民
19） 内心世界 nèixīn shìjiè：［名］心の内面の世界
20） 兴 xīng：［動］（勢いを）盛んにする
21） 网页 wǎngyè：［名］ホームページ
22） 专栏 zhuānlán：［名］（新聞・雑誌などの）囲み記事．コラム
23） 观后感 guānhòugǎn：［名］（映画を）観た後の感想
24） 志趣相投者 zhìqù xiāngtóuzhě：［名］趣味がお互いに一致する人．同好の士
25） 新片儿 xīnpiānr：［名］（映画の）新作
26） 场面宏大 chǎngmiàn hóngdà：スケールが大きい
27） 感人 gǎnrén：［形］感動的である
28） 分享 fēnxiǎng：［動］（喜び・権利などを）分かち合う

問29

中国語を聞いて、それぞれの質問に対して@〜⑩の中から最も適当なものを1つ選びなさい。

(1) 《向日葵》电影中的父亲有什么天赋？
   ⓐ
   ⓑ
   ⓒ
   ⓓ

(2) 他已经看过多少部中国电影了？
   ⓐ
   ⓑ
   ⓒ
   ⓓ

(3) 通过看中国电影他了解到什么？
   ⓐ
   ⓑ
   ⓒ
   ⓓ

(4) 他在自己的网页上设了什么专栏？
   ⓐ
   ⓑ
   ⓒ
   ⓓ

(5) 中国电影除了场面宏大，还有什么特点？
   ⓐ
   ⓑ
   ⓒ
   ⓓ

➡ 解答は、解答篇 p 29

30 乒乓球 Pīngpāngqiú

一个 星期天 的 傍晚,¹⁾ 我 和 另 一 个
Yí ge xīngqītiān de bàngwǎn, wǒ hé lìng yí ge

留学生 正 在 打 乒乓球,²⁾ 平时 教 我们 会话 课
liúxuéshēng zhèng zài dǎ pīngpāngqiú, píngshí jiāo wǒmen huìhuà kè

的 张 老师 从 那儿 路过,³⁾ 说:"你们 打得 不错
de Zhāng lǎoshī cóng nàr lùguò, shuō: "Nǐmen dǎde búcuò

嘛!" 我们 停下来 向 老师 打 招呼,⁴⁾ 说:"老师
ma!" Wǒmen tíngxiàlai xiàng lǎoshī dǎ zhāohu, shuō: "Lǎoshī

好!" 我 又 大胆 地 说:"可以 和 老师 打 一
hǎo!" Wǒ yòu dàdǎn de shuō: "Kěyǐ hé lǎoshī dǎ yì

盘 吗?" "当然 可以!" 老师 说着, 一边 ⁵⁾放下 手里
pán ma?" "Dāngrán kěyǐ!" Lǎoshī shuōzhe, yìbiān fàngxià shǒuli

的 菜兜儿,⁶⁾ 一边 脱下 ⁷⁾外套 拿起 ⁸⁾球拍, 动作 敏捷⁹⁾
de càidōur, yìbiān tuōxià wàitào náqǐ qiúpāi, dòngzuò mǐnjié

地 扣杀起来。¹⁰⁾嚄! 平时 真 没 看出来, 这 位 70
de kòushāqǐlai. Huò! Píngshí zhēn méi kànchūlai, zhè wèi qīshí

多 岁, 武汉 出身 的 老师, 球 打得 这么 好。 当
duō suì, Wǔhàn chūshēn de lǎoshī, qiú dǎde zhème hǎo. Dāng

我们 夸 他 时, 他 却 说:"哪里, 哪里, 好久 没
wǒmen kuā tā shí, tā què shuō: "Nǎli nǎli, hǎojiǔ méi

摸¹¹⁾球拍 了! 这 点儿 ¹²⁾功夫 还 得 感谢 文革¹³⁾ 哩!
mō qiúpāi le! Zhè diǎnr gōngfu hái děi gǎnxiè Wéngé li!

那时, 学生 闹 ¹⁴⁾罢课, 老师 没 事儿 干, 常 打
Nàshí, xuésheng nào bàkè, lǎoshī méi shìr gàn, cháng dǎ

乒乓球 混 日子。"[15) 那天 我们 两 个 日本 留学生
pīngpāngqiú hùn rìzi." Nàtiān wǒmen liǎng ge Rìběn liúxuéshēng

分别 和 老师 打 了 一 局，结果 都 不 是 对手，[16)
fēnbié hé lǎoshī dǎ le yì jú, jiéguǒ dōu bú shì duìshǒu,

全 输[17) 了。
quán shū le.

其实，来 留学 以前，我 就 听说 一般 的 中国
Qíshí, lái liúxué yǐqián, wǒ jiù tīngshuō yìbān de Zhōngguó

老百姓[18) 喜欢 打 太极拳[19)，练 气功[20)，打 乒乓。来到
lǎobǎixìng xǐhuan dǎ tàijíquán, liàn qìgōng, dǎ pīngpāng. Láidào

中国 才 知道 很 多 中 老年人 不仅 会 打
Zhōngguó cái zhīdao hěn duō zhōng lǎoniánrén bùjǐn huì dǎ

乒乓球，而且 打得 很 不错。留学 的 一 年 中
pīngpāngqiú, érqiě dǎde hěn búcuò. Liúxué de yì nián zhōng

常 和 他们 较量[21)，觉得 这儿 真 不愧 是 个
cháng hé tāmen jiàoliàng, juéde zhèr zhēn búkuì shì ge

乒乓球 的 王国。不过 我 也 有 个 很 不解 的
pīngpāngqiú de wángguó. Búguò wǒ yě yǒu ge hěn bùjiě de

谜：那么 喜爱[22) 优雅、缓慢[23) 气功 和 太极 的 人，
mí : Nàme xǐ'ài yōuyǎ, huǎnmàn qìgōng hé tàijí de rén,

怎么 也 会 这么 喜欢 敏捷、快速 的 乒乓 呢?[24)
zěnme yě huì zhème xǐhuan mǐnjié, kuàisù de pīngpāng ne ?

Check 30

【乒乓球 Pīngpāngqiú】（卓球）

p. 124

1）**傍晚** bàngwǎn：［名］夕方
2）**乒乓球** pīngpāngqiú：［名］卓球
3）**路过** lùguò：［動］通りかかる
4）**打招呼** dǎ zhāohu：挨拶をする
5）**放** fàng：［動］置く
6）**菜兜儿** càidōur：［名］買い物かご
7）**外套** wàitào：［名］コート．オーバー
8）**球拍** qiúpāi：［名］ラケット
9）**敏捷** mǐnjié：［形］機敏である．素早い
10）**扣杀** kòushā：［動］スマッシュをする
11）**摸** mō：［動］触れる
12）**功夫** gōngfu：［名］腕前．技量
13）**文革** Wéngé：［名］文化大革命
14）**闹罢课** nào bàkè：授業をボイコットする

p. 125

15）**混日子** hùn rìzi：ぶらぶらして日を過ごす
16）**对手** duìshǒu：［名］相手
17）**输** shū：［動］負ける
18）**老百姓** lǎobǎixìng：［名］一般大衆．庶民
19）**打太极拳** dǎ tàijíquán：太極拳をする
20）**练气功** liàn qìgōng：気功をする
21）**较量** jiàoliàng：［動］勝負する．競い合う
22）**优雅** yōuyǎ：［形］優雅である
23）**缓慢** huǎnmàn：［形］（動作が）のろい
24）**快速** kuàisù：［形］スピーディである．動きが速い

問30

中国語を聞いて、それぞれの質問に対して⒜～⒟の中から最も適当なものを1つ選びなさい。

(1) 张老师乒乓球打得怎么样？
   ⒜
   ⒝
   ⒞
   ⒟

(2) 张老师什么时候学会打乒乓球的？
   ⒜
   ⒝
   ⒞
   ⒟

(3) 他和张老师比赛，他赢了吗？
   ⒜
   ⒝
   ⒞
   ⒟

(4) 他来中国留学后，觉得中国是个什么样的国家？
   ⒜
   ⒝
   ⒞
   ⒟

(5) 他觉得乒乓球是个什么样的体育运动？
   ⒜
   ⒝
   ⒞
   ⒟

➡ 解答は、解答篇 p 30

31 打麻将 Dǎ májiàng

一提起麻将,我就想起了大学时代。那时常常旷课,彻夜不眠地和要好的同学一起搓麻赌钱。记得我总是输得多,赢得少,有的时候连吃饭的钱都输光了,不得不饿肚子。后来参加工作后,再也不想搓麻将了。偶尔老同学约我:"三缺一,你能不能来救救场?"我总是托词拒绝,从不参加。

从去年开始不知不觉地迷上了游戏机上的麻将,觉得这可真是个中国人的发明和日本人的智慧创造出的结晶,实在太棒了!不仅有意思,而且玩儿时不用定时,选

地，找 伴儿，非常 方便。美 中 不 足 的 是
dì, zhǎo bànr, fēicháng fāngbiàn. Měi zhōng bù zú de shì

气氛 不 热闹，交不上 朋友。
qìfēn bú rènao, jiāobushàng péngyou.

听说 麻将 的 故乡 —— 中国，把 打 麻将
Tīngshuō májiàng de gùxiāng —— Zhōngguó, bǎ dǎ májiàng

戏称为 "修 长城"。近 几 年 到处 都 出现 了
xìchēngwéi "xiū Chángchéng". Jìn jǐ nián dàochù dōu chūxiàn le

"修 长城 热"，在 公园里 和 道路 旁 一些
"xiū Chángchéng rè", zài gōngyuánli hé dàolù páng yìxiē

离退休 的 老人 常 聚集在 一起 "修 长城"。下次
lítuìxiū de lǎorén cháng jùjízài yìqǐ "xiū Chángchéng". Xiàcì

去 中国 旅行 时，我 也 想 跟 他们 一起 修修
qù Zhōngguó lǚxíng shí, wǒ yě xiǎng gēn tāmen yìqǐ xiūxiu

"长城"，当然 那儿 可是 "长城" 的 老家，我
"Chángchéng", dāngrán nàr kě shì "Chángchéng" de lǎojiā, wǒ

这个 外乡人 少不了 会 输，得 事先 向 他们 打好
zhège wàixiāngrén shǎobuliǎo huì shū, děi shìxiān xiàng tāmen dǎhǎo

招呼："友谊 第一，比赛 第二！"
zhāohu: "Yǒuyì dìyī, bǐsài dì'èr!"

Check 31

【打麻将 Dǎ májiàng】（マージャンをする）

p. 128

1）**麻将** májiàng：［名］マージャン
2）**旷课** kuàng//kè：［動］授業をさぼる
3）**彻夜不眠** chèyè bùmián：徹夜する
4）**要好** yàohǎo：［形］仲が良い．親密である
5）**搓麻赌钱** cuōmá dǔqián：賭けマージャンをする
6）**输光** shūguāng：負けて（お金が）なくなる
7）**饿肚子** è dùzi：腹を空かせる
8）**三缺一** sān quē yī：（マージャンをするのに）四人のうち一人足りない
9）**救场** jiù//chǎng：［動］場を助ける
10）**托词** tuōcí：［動］口実を設ける
11）**迷上** míshàng：夢中になる．病み付きになる
12）**游戏机** yóuxìjī：［名］ゲーム機
13）**定时** dìng shí：時間を決める

p. 129

14）**选地** xuǎn dì：場所を選ぶ
15）**伴儿** bànr：［名］連れ．仲間．パートナー
16）**美中不足** měi zhōng bù zú：［成］玉にキズ
17）**气氛** qìfēn：［名］雰囲気．ムード
18）**交不上** jiāobushàng：（人と）交わることができない
19）**戏称** xìchēng：［動］冗談めかして~と呼ぶ
20）**修长城** xiū Chángchéng：万里の長城を建設する（マージャンをすること）
21）**热** rè：ブーム
22）**道路旁** dàolù páng：［名］道端
23）**离退休** lítuìxiū：［動］定年退職する
24）**聚集** jùjí：［動］集まる
25）**外乡人** wàixiāngrén：［名］よその土地の人間
26）**少不了** shǎobuliǎo：欠かせない
27）**友谊第一，比赛第二** yǒuyì dìyī, bǐsài dì'èr：友情第一、勝負は二の次

問31 中国語を聞いて、それぞれの質問に対して ⓐ～ⓓ の中から最も適当なものを1つ選びなさい。

(1) 大学时，他麻将玩儿得怎么样？
　　ⓐ
　　ⓑ
　　ⓒ
　　ⓓ

(2) 他从什么时候开始不打麻将了？
　　ⓐ
　　ⓑ
　　ⓒ
　　ⓓ

(3) 游戏机上的麻将哪儿美中不足？
　　ⓐ
　　ⓑ
　　ⓒ
　　ⓓ

(4) 中国近几年出现了什么热？
　　ⓐ
　　ⓑ
　　ⓒ
　　ⓓ

(5) 他去中国时，想向打麻将的中国人怎么打招呼？
　　ⓐ
　　ⓑ
　　ⓒ
　　ⓓ

➡ 解答は、解答篇 p 31

32 迎"七夕" Yíng "Qīxī"

今天，汉语课一开始老师就说："今天是日本的七夕节1)，原来也是中国的传统节日，但后来因为中日战争2)时期发生了'七七事变3)'，所以这一天现在是中国的抗日战争纪念日4)。"老师还说："七夕节源于一个5)人们所熟悉的'牛郎织女6)'的美好传说7)，一对和睦8)的夫妻被天神抛出的银河9)分开10)，每年七月七日晚上这对夫妻都会不约而同地来到银河边，渡过11)喜鹊们12)用翅膀13)架起的桥过河相会14)。"老师还问我们："你们知不知道在中国现实的生活中也有一些'七夕夫妻'？"当我们说不知道后，她又

接着 说："一些 夫妻 由于 各种 原因 长期 分居[15)]
jiēzhe shuō: "Yìxiē fūqī yóuyú gèzhǒng yuányīn chángqī fēnjū

生活， 比如 男方 在 广州， 女方 在 桂林， 或是
shēnghuó, bǐrú nánfāng zài Guǎngzhōu, nǚfāng zài Guìlín, huòshì

女方 在 上海， 男方 在 西安 等等。他们 一 年
nǚfāng zài Shànghǎi, nánfāng zài Xī'ān děngděng. Tāmen yì nián

相聚[16)] 一 次，每次 的 时间 也 并 不 太 长。"
xiāngjù yí cì, měicì de shíjiān yě bìng bú tài cháng."

听 了 老师 的 话， 我 倒是 很 受 鼓舞。因为
Tīng le lǎoshī de huà, wǒ dàoshì hěn shòu gǔwǔ. Yīnwèi

我 的 男 朋友 就 在 外地[17)]。我们 俩 一 个 在
wǒ de nán péngyou jiù zài wàidì. Wǒmen liǎ yí ge zài

东京， 一 个 在 大阪， 距离 反倒 加深 了 我们
Dōngjīng, yí ge zài Dàbǎn, jùlí fǎndào jiāshēn le wǒmen

相互 的 思念[18)]， 伊妹儿[19)] 你 来 我 往[20)]， 从来 不 断，
xiānghù de sīniàn, yīmèir nǐ lái wǒ wǎng, cónglái bú duàn,

久别 后 的 小聚[21)] 也 使 我们 倍感 共度[22)] 时光 的
jiǔbié hòu de xiǎojù yě shǐ wǒmen bèigǎn gòngdù shíguāng de

宝贵[23)]。 不过， 我们 可 不 是 一 年 一 次， 寒
bǎoguì. Búguò, wǒmen kě bú shì yì nián yí cì, hán

暑假[24)]、 黄金周[25)]、 盂兰盆节[26)]、 新年 等， 算起来 一 年
shǔjià, huángjīnzhōu, Yúlánpénjié, xīnnián děng, suànqǐlai yì nián

起码 有 四 五 次 吧。
qǐmǎ yǒu sì wǔ cì ba.

Check 32

【迎"七夕" Yíng "Qīxī"】（七夕を迎える）

p. 132

1) **七夕节** Qīxījié：［名］七夕
2) **中日战争** Zhōng-Rì zhànzhēng：［名］中日戦争
3) **七七事变** Qī-Qī shìbiàn：［名］七七事変（1937年。日本では「盧溝橋事件」と呼ばれ、日中全面戦争の発端となった事件）
4) **抗日战争纪念日** Kàngrì zhànzhēng jìniànrì：［名］抗日戦争記念日
5) **源于** yuányú：〜をルーツとする
6) **牛郎织女** Niúláng Zhīnǚ：［名］牽牛と織女
7) **美好传说** měihǎo chuánshuō：美しい伝説
8) **和睦** hémù：［形］仲むつまじい
9) **银河** yínhé：［名］天の川
10) **分开** fēnkāi：［動］切り離す．別々にする
11) **渡过** dùguò：［動］渡る
12) **喜鹊** xǐquè：［名］カササギ
13) **翅膀** chìbǎng：［名］羽．翼
14) **相会** xiānghuì：［動］（2人が）会う．出会う

p. 133

15) **分居** fēnjū：［動］別居する
16) **相聚** xiāngjù：［動］顔を合わせる
17) **外地** wàidì：［名］他の土地
18) **加深思念** jiāshēn sīniàn：恋しさが募る
19) **伊妹儿** yīmèir：［名］Eメール
20) **你来我往** nǐ lái wǒ wǎng：［慣］お互い行き来する
21) **小聚** xiǎojù：［名］つかの間の再会
22) **共度** gòngdù：［動］共に過ごす
23) **宝贵** bǎoguì：［形］大切である．貴重である
24) **寒暑假** hán shǔjià：［名］冬休み、夏休み
25) **黄金周** huángjīnzhōu：［名］ゴールデンウィーク
26) **盂兰盆节** Yúlánpénjié：［名］（日本の）お盆

問32 中国語を聞いて、それぞれの質問に対してⓐ〜ⓓの中から最も適当なものを1つ選びなさい。

（1）七月七号是中国的什么纪念日？
　　ⓐ
　　ⓑ
　　ⓒ
　　ⓓ

（2）七夕节源于什么传说？
　　ⓐ
　　ⓑ
　　ⓒ
　　ⓓ

（3）什么样的夫妻被称为"七夕夫妻"？
　　ⓐ
　　ⓑ
　　ⓒ
　　ⓓ

（4）听了老师的话，她觉得怎么样？
　　ⓐ
　　ⓑ
　　ⓒ
　　ⓓ

（5）她和外地的男朋友经常用什么联系？
　　ⓐ
　　ⓑ
　　ⓒ
　　ⓓ

➡ 解答は、解答篇 p 32

33 祝寿 Zhùshòu

我的一个住在海港城市的叔叔打来电话，说今年是他的古稀之年，八月八号过生日，请我务必去参加庆典。我笑着答应："哪儿有自己的生日，自己叫人祝贺的呢，也就是叔叔您能做得出这种事。不过，请放心，我一定应邀出席！"

当天，叔叔约我在码头见面，叔叔还是那么爱漂亮，把自己打扮得很年轻，一点儿也看不出是七十岁的人。他一看见我，就高兴地说："欢迎，欢迎，你可是贵客。"又伸出手来，说："今天带来了什么礼物了？嗨，开个玩笑，别当真哪！哈哈哈……"

为 举行 生日 庆典， 叔叔 特意 包租[9] 了 一 条
Wèi jǔxíng shēngri qìngdiǎn, shūshu tèyì bāozū le yì tiáo

观光船， 当 我 上 了 船 时， 已经 有 很 多
guānguāngchuán, dāng wǒ shàng le chuán shí, yǐjing yǒu hěn duō

亲戚 朋友 等在 那儿 了， 庆祝 宴会[10] 开始 后， 气氛
qīnqi péngyou děngzài nàr le, qìngzhù yànhuì kāishǐ hòu, qìfēn

变得 非常 热闹， 大家 举杯， 你 敬[11] 我， 我 敬 你，
biànde fēicháng rènao, dàjiā jǔbēi, nǐ jìng wǒ, wǒ jìng nǐ,

谈 笑 风 生[12]。 快 结束[13] 的 时候， 叔叔 满面 笑容[14]
tán xiào fēng shēng. Kuài jiéshù de shíhou, shūshu mǎnmiàn xiàoróng

地 对 大家 致 谢词[15]： "谢谢 大家 来 祝贺 我 的
de duì dàjiā zhì xiècí: "Xièxie dàjiā lái zhùhè wǒ de

七十 大寿[16]， 托 大家 的[17] 福， 我 的[18] 身板儿 还 硬朗[19]，
qīshí dàshòu, tuō dàjiā de fú, wǒ de shēnbǎnr hái yìnglang,

今后 要 干 的 事儿 还 很 多， 想 学 滑雪[20]， 想
jīnhòu yào gàn de shìr hái hěn duō, xiǎng xué huáxuě, xiǎng

去 国外 旅行……。 因为 不管 怎么 说， 我 还 打算
qù guówài lǚxíng……. Yīnwèi bùguǎn zěnme shuō, wǒ hái dǎsuan

再 活 三十 年 哪[21]！ 哈哈哈……"
zài huó sānshí nián na! Hāhāhā……"

Check 33

【祝寿 Zhùshòu】（長寿を祝う）

p. 136

1）**海港城市** hǎigǎng chéngshì：［名］港町
2）**叔叔** shūshu：［名］叔父．伯父（父方の弟を指す）
3）**古稀之年** gǔxī zhī nián：［名］古希の年（70歳のこと）
4）**应邀** yìngyāo：［動］招きに応じる
5）**码头** mǎtou：［名］埠頭
6）**贵客** guìkè：［名］大事な客
7）**礼物** lǐwù：［名］贈り物．プレゼント
8）**当真** dàngzhēn：［動］本気にする．真に受ける

p. 137

9）**包租** bāozū：［動］（会場などを）借り切る
10）**庆祝宴会** qìngzhù yànhuì：［名］祝賀会
11）**敬** jìng：［動］（酒を）すすめる
12）**谈笑风生** tán xiào fēng shēng：［成］話に花が咲く．談笑に興じる
13）**结束** jiéshù：［動］終了する
14）**满面笑容** mǎnmiàn xiàoróng：満面の笑みを浮かべる
15）**致谢词** zhì xiècí：謝辞を述べる
16）**七十大寿** qīshí dàshòu：［名］70歳の誕生日
17）**托福** tuō//fú：［挨］お陰様で
18）**身板儿** shēnbǎnr：［名］体（の具合）
19）**硬朗** yìnglang：［形］（老人の体が）頑健である．かくしゃくとしている
20）**滑雪** huá//xuě：［動］スキーをする
21）**活** huó：［動］生きる

問33　中国語を聞いて、それぞれの質問に対して ⓐ～ⓓ の中から最も適当なものを１つ選びなさい。

（1）他叔叔今年多大岁数了？
　　ⓐ
　　ⓑ
　　ⓒ
　　ⓓ

（2）叔叔约他在哪儿见面？
　　ⓐ
　　ⓑ
　　ⓒ
　　ⓓ

（3）他们是在什么地方举行的庆典？
　　ⓐ
　　ⓑ
　　ⓒ
　　ⓓ

（4）宴会的什么时候叔叔致词了？
　　ⓐ
　　ⓑ
　　ⓒ
　　ⓓ

（5）叔叔想学什么？
　　ⓐ
　　ⓑ
　　ⓒ
　　ⓓ

➡ 解答は、解答篇 p 33

34 算命 Suànmìng

很久 以前,¹⁾ 有 一次 我 去 中国 北京 郊外
Hěnjiǔ yǐqián, yǒu yícì wǒ qù Zhōngguó Běijīng jiāowài

爬山,²⁾ 碰到过 一 件 很 有 意思 的 事儿。 爬到
páshān, pèngdàoguo yí jiàn hěn yǒu yìsi de shìr. Pádào

半山腰儿 休息 的 地方, 有 一 个 算卦³⁾ 的 老大爷⁴⁾
bànshānyāor xiūxi de dìfang, yǒu yí ge suànguà de lǎodàye

坐在 那里, 衣衫 褴褛,⁵⁾ 面貌 清瘦,⁶⁾ 起初 我 还
zuòzài nàli, yīshān lánlǚ, miànmào qīngshòu, qǐchū wǒ hái

以为⁷⁾ 他 是 个 要饭⁸⁾ 的, 但 仔细 一 看,⁹⁾ 他 的
yǐwéi tā shì ge yàofàn de, dàn zǐxì yí kàn, tā de

脚下 摆着 一 张 纸 招牌, 上面 写着:手相。 出于
jiǎoxià bǎizhe yì zhāng zhǐ zhāopái, shàngmian xiězhe: shǒuxiàng. Chūyú

好奇,¹⁰⁾ 我 走上 前 去 和 他 搭话,¹¹⁾ 并 伸出 右手
hàoqí, wǒ zǒushàng qián qù hé tā dāhuà, bìng shēnchū yòushǒu

让 他 算。¹²⁾ 他 拉着¹³⁾ 我 的 手 仔细 看 了 看,
ràng tā suàn. Tā lāzhe wǒ de shǒu zǐxì kàn le kàn,

然后, 不 紧 不 慢¹⁴⁾ 地 操着¹⁵⁾ 很 重¹⁶⁾ 的 南方 口音¹⁷⁾
ránhòu, bù jǐn bú màn de cāozhe hěn zhòng de nánfāng kǒuyīn

说:"看来 你 的 肝脏¹⁸⁾ 不 太 好, 以后 要 少 喝
shuō: "Kànlái nǐ de gānzàng bú tài hǎo, yǐhòu yào shǎo hē

点儿 酒!" 一 个 算命 先生, 怎么 说话 像¹⁹⁾ 个
diǎnr jiǔ!" Yí ge suànmìng xiānsheng, zěnme shuōhuà xiàng ge

医生?²⁰⁾ 因为 那时 我 正好 失恋, 所以 迫 不 及 待²¹⁾
yīshēng? Yīnwèi nàshí wǒ zhènghǎo shīliàn, suǒyǐ pò bù jí dài

— 140 —

地 问:"您 觉得 我 什么 时候 能 结上 良缘
de wèn: "Nín juéde wǒ shénme shíhou néng jiéshàng liángyuán

呢?"他 回答 说:"快 了,快 了,放心,你 的
ne?" Tā huídá shuō: "Kuài le, kuài le, fàngxīn, nǐ de

一生 一定 会 很 幸福!"听 了 他 的 话,别提[22)]
yìshēng yídìng huì hěn xìngfú!" Tīng le tā de huà, biétí

多 高兴 了,我 一口气 就 爬上 了 山顶。
duō gāoxìng le, wǒ yìkǒuqì jiù páshàng le shāndǐng.

你 说 怪[23)] 不 怪,还 真 被 他 说中[24)] 了,那次
Nǐ shuō guài bu guài, hái zhēn bèi tā shuōzhòng le, nàcì

算卦 后 不 到 半年,我 就 遇到 了 现在 的
suànguà hòu bú dào bànnián, wǒ jiù yùdào le xiànzài de

丈夫。算卦 在 今天 的 中国 好像 还是 被 禁止
zhàngfu. Suànguà zài jīntiān de Zhōngguó hǎoxiàng háishi bèi jìnzhǐ

的,被 看做 是 迷信,城里 的 街道上[25)] 是 很 难
de, bèi kànzuò shì míxìn, chéngli de jiēdàoshang shì hěn nán

看到 的。我 常 想 曾 遇到 的 那 位 老人 会
kàndào de. Wǒ cháng xiǎng céng yùdào de nà wèi lǎorén huì

不 会 真 是 位 仙人?
bu huì zhēn shì wèi xiānrén?

— 141 —

Check 34

【算命 Suànmìng】（占い）

p. 140

1) **很久以前** hěnjiǔ yǐqián：ずっと前に
2) **碰到** pèngdào：出くわす
3) **算卦** suàn//guà：[動] 占いをする
4) **老大爷** lǎodàye：[名] おじいさん
5) **衣衫褴褛** yīshān lánlǚ：衣服がぼろぼろである
6) **面貌清瘦** miànmào qīngshòu：顔がやつれている
7) **以为** yǐwéi：[動] 〜と思い込む．〜とばかり思う
8) **要饭** yào//fàn：[動] 乞食をする．物乞いをする
9) **仔细** zǐxì：[形] 注意深い．念入りである
10) **出于好奇** chūyú hàoqí：好奇心がわく
11) **搭话** dā//huà：[動] 話しかける
12) **算** suàn：[動] 占う
13) **拉** lā：[動] 引っ張る
14) **不紧不慢** bù jǐn bú màn：（言動が）落ち着いている
15) **操** cāo：[動]（方言を）話す
16) **重** zhòng：[形]（なまりが）強い
17) **口音** kǒuyīn：[名] なまり
18) **肝脏** gānzàng：[名] 肝臓
19) **算命先生** suànmìng xiānsheng：[名] 占い師
20) **医生** yīshēng：[名] 医者
21) **迫不及待** pò bù jí dài：[成] 矢も盾もたまらず．一刻もじっとしていられなくて

p. 141

22) **别提** biétí：[動] 〜と言ったらない．非常に〜である
23) **怪** guài：[形] 怪しい．おかしい
24) **说中** shuōzhòng：言ったことが当たる．言い当てる
25) **街道** jiēdào：[名] 通り．街路

問34 中国語を聞いて、それぞれの質問に対してⓐ～ⓓの中から最も適当なものを1つ選びなさい。

(1) 她爬山时碰到的老人是干什么的？
   ⓐ
   ⓑ
   ⓒ
   ⓓ

(2) 算命先生看出她身体哪儿不好？
   ⓐ
   ⓑ
   ⓒ
   ⓓ

(3) 她问算命先生什么？
   ⓐ
   ⓑ
   ⓒ
   ⓓ

(4) 算命之后不到半年，她遇到了谁？
   ⓐ
   ⓑ
   ⓒ
   ⓓ

(5) 在今天的中国，算卦被怎么看待？
   ⓐ
   ⓑ
   ⓒ
   ⓓ

➡ 解答は、解答篇 p 34

35 焰火 Yànhuǒ

有一次我去中国过春节，朋友小刘约我晚上去看花。我惊讶地问："现在还不到夏天，怎么会放花呢?"他说："中国放花是表示庆祝，一般都在过节时，和季节没什么关系。"我们都穿着棉衣，跑到广场去看放花。一个个五彩缤纷的焰火，在寒冷的夜空中绽开，看花的人脸上都充满了对新的一年的祝福。花一放完，看花的人马上就散了。只有我还一动不动地望着寒冷、寂静的天空。焰火在日本深受欢迎的最大原因是它酷似樱花，绽放和凋落的瞬间都很美。这种独特的赏花

方式，表现了日本人的一种独特情趣。[15)]身旁的小刘看看天空，又看看我，奇怪地问："你还在看什么？"我说："没看什么，是在回味[16)]刚才那[17)]灿烂的天空！"小刘[18)]拍着我的肩膀说："走吧，走吧，天气这么冷！你们日本人就是特别，讲究[19)]太多。不光是赏花情趣独特，而且吃饭时爱讲究碗筷[20)]餐具，写信时，爱讲究从季节问候开始……。嗐，那套问候语[21)]，我到现在也没学会。"

Check 35

【焰火 Yànhuǒ】（花火）

p. 144

1) **放花** fàng//huā：［動］花火を上げる
2) **庆祝** qìngzhù：［動］祝賀する
3) **过节** guò//jié：［動］祝祭日を祝う
4) **棉衣** miányī：［名］綿入れの服
5) **五彩缤纷** wǔ cǎi bīn fēn：［成］色とりどりで美しい
6) **焰火** yànhuǒ：［名］花火
7) **绽开** zhànkāi：［動］（花が）開く
8) **一动不动** yí dòng bú dòng：微動だにしない．じっとしている
9) **望** wàng：［動］遠くを眺める
10) **寂静** jìjìng：［形］静まり返っている
11) **受欢迎** shòu huānyíng：人気がある
12) **酷似** kùsì：［動］酷似する．そっくりである
13) **绽放** zhànfàng：［動］（花が）開く
14) **凋落** diāoluò：［動］（花が）しぼむ．散る

p. 145

15) **情趣** qíngqù：［名］情緒
16) **回味** huíwèi：［動］思い出して味わう．余韻を楽しむ
17) **灿烂** cànlàn：［形］光り輝いている
18) **拍** pāi：［動］（手のひらで）たたく
19) **特别** tèbié：［形］特別である．変わっている
20) **碗筷餐具** wǎnkuài cānjù：［名］食器
21) **问候语** wènhòuyǔ：［名］あいさつ言葉

B 30

問35 中国語を聞いて、それぞれの質問に対して ⓐ～ⓓ の中から最も適当なものを1つ選びなさい。

(1) 中国一般什么时候放花？
 ⓐ
 ⓑ
 ⓒ
 ⓓ

(2) 他们去哪儿看花？
 ⓐ
 ⓑ
 ⓒ
 ⓓ

(3) 焰火像什么花？
 ⓐ
 ⓑ
 ⓒ
 ⓓ

(4) 日本人吃饭时爱讲究什么？
 ⓐ
 ⓑ
 ⓒ
 ⓓ

(5) 日本人写信时开头爱写什么？
 ⓐ
 ⓑ
 ⓒ
 ⓓ

➡ 解答は、解答篇 p 35

36 友好使者 Yǒuhǎo shǐzhě

周末去东京上野动物园看熊猫,觉得很有意思。长着一身黑白分明绒毛的熊猫,不管是走路的姿势,还是吃青竹的样子,都很逗人。那胖胖的身体、圆圆的面孔、黑黑的眼圈儿,可爱极了!围着看的孩子们欢声不断,大人们也笑得眼睛眯成了一条缝儿。

熊猫的老家在中国的四川省,那里气候潮湿,有茂密的青竹林,是熊猫生息繁殖的天国。1972年日中邦交正常化后,熊猫作为中国的"友好使者"第一次来到日本,从此深受日本老百姓的喜爱。这一点从日常生活中到处可见,熊猫儿童玩具、

熊猫 手机链儿、画有熊猫图案的T恤衫等，应有尽有。

1985年，日中两国又开始共同合作繁殖珍稀鸟类朱鹮的工作，从此朱鹮鸟也作为友好使者来往于日中两国之间。最近查网才知道，朱鹮和熊猫一样已濒于灭绝危机，处境十分严峻。由衷地希望全球的自然环境会越来越好，使熊猫和朱鹮这两位"友好大使"长生不老，永远为我们架起友谊的桥梁。

Check 36

【友好使者】Yǒuhǎo shǐzhě（友好の使者）

p. 148

1) 熊猫 xióngmāo：［名］パンダ
2) 长 zhǎng：［動］（毛を）生やす．（毛が）はえる
3) 分明 fēnmíng：［形］（事物の境界が）はっきりと分かれている
4) 绒毛 róngmáo：［名］（動物の）体毛
5) 青竹 qīngzhú：［名］笹
6) 逗人 dòu//rén：［動］（性格・言動が）人を楽しませる
7) 胖胖 pàngpàng：［形］でっぷりしている
8) 圆圆 yuányuán：［形］丸々している
9) 面孔 miànkǒng：［名］顔つき
10) 黑黑 hēihēi：［形］黒々している
11) 眼圈儿 yǎnquānr：［名］目の縁．目のまわり
12) 眯 mī：［動］目を細める
13) 缝儿 fèngr：［名］すき間
14) 茂密 màomì：［形］（草木が）茂っている
15) 日中邦交正常化 Rì-Zhōng bāngjiāo zhèngchánghuà：［名］日中国交正常化

p. 149

16) 手机链儿 shǒujīliànr：［名］携帯ストラップ
17) T恤衫 Txùshān：［名］Tシャツ
18) 应有尽有 yīng yǒu jìn yǒu：［成］あるべきものはすべてある．何でもある
19) 共同合作 gòngtóng hézuò：共に協力し合う
20) 珍稀鸟类 zhēnxī niǎolèi：希少鳥類
21) 朱鹮 zhūhuán：［名］トキ
22) 查网 chá//wǎng：［動］インターネットで調べる
23) 濒于 bīnyú：［動］（悪い境遇・状況などに）瀕する
24) 处境 chǔjìng：［名］境遇．立場
25) 严峻 yánjùn：［形］（生活・環境などが）非常に厳しい
26) 全球 quánqiú：［名］地球全体
27) 长生不老 cháng shēng bù lǎo：［成］不老長寿．不老不死

問36 　中国語を聞いて、それぞれの質問に対してⓐ～ⓓの中から最も適当なものを1つ選びなさい。

(1) 熊猫生息繁殖的天国在哪儿？
　　ⓐ
　　ⓑ
　　ⓒ
　　ⓓ

(2) 熊猫最初来日本的1972年发生了什么大事？
　　ⓐ
　　ⓑ
　　ⓒ
　　ⓓ

(3) 在我们的日常生活中带有熊猫形象的商品多不多？
　　ⓐ
　　ⓑ
　　ⓒ
　　ⓓ

(4) 她是怎么知道熊猫和朱鹮濒于灭绝的？
　　ⓐ
　　ⓑ
　　ⓒ
　　ⓓ

(5) 在日中两国之间，什么动物被称为友好大使？
　　ⓐ
　　ⓑ
　　ⓒ
　　ⓓ

➡ 解答は、解答篇 p 36

37 饺子 Jiǎozi

我 去 中国 留学 时，才 知道 中国 的 饺子
Wǒ qù Zhōngguó liúxué shí, cái zhīdao Zhōngguó de jiǎozi

是 指 水饺¹⁾ 和 锅贴儿²⁾。当时 一 个 中国 朋友
shì zhǐ shuǐjiǎo hé guōtiēr. Dāngshí yí ge Zhōngguó péngyou

曾 问 我："你 喜欢 什么 中国菜？" 我 回答：
céng wèn wǒ："Nǐ xǐhuan shénme Zhōngguócài？" Wǒ huídá：

"锅贴儿。" 他 笑 了 起来，说："锅贴儿 怎么 能 算
"Guōtiēr." Tā xiào le qǐlai, shuō："Guōtiēr zěnme néng suàn

菜？那 明明 是 饭 嘛！" 确实 中国 的 餐馆儿³⁾
cài？Nà míngmíng shì fàn ma！" Quèshí Zhōngguó de cānguǎnr

哪儿 都 没有 像 日本 这样 把 锅贴儿 当⁴⁾ 菜 而
nǎr dōu méiyou xiàng Rìběn zhèyàng bǎ guōtiēr dàng cài ér

另 配⁵⁾ 主食 的 吃法。而且，菜单儿上 的 饺子 多⁶⁾
lìng pèi zhǔshí de chīfǎ. Érqiě, càidānrshang de jiǎozi duō

指 水饺。
zhǐ shuǐjiǎo.

留学 回国 后，我 才 开始 想 这个 问题：从
Liúxué huíguó hòu, wǒ cái kāishǐ xiǎng zhège wèntí：Cóng

中国 传入 日本 的 饺子 为什么 以 锅贴儿 为主，
Zhōngguó chuánrù Rìběn de jiǎozi wèishénme yǐ guōtiēr wéizhǔ,

而且 不 当 主食，只 作 副食⁷⁾？这 很 可能 是 因为
érqiě bú dàng zhǔshí, zhǐ zuò fùshí？Zhè hěn kěnéng shì yīnwèi

主食 离不开 米饭 的 日本人，觉得 就着⁸⁾ 锅贴儿 吃
zhǔshí líbukāi mǐfàn de Rìběnrén, juéde jiùzhe guōtiēr chī

— 152 —

米饭很香,而水饺味道清淡和米饭不对味儿[9],所以在日本人的餐桌上[10],锅贴儿就成了饺子的主要代表。

对于有了水饺一般就不吃什么主食的中国人来说,也许日本人的这种锅贴儿配米饭、配炒饭、配汤面的吃法[11]很离奇[12]。犹如面包[13]配米饭,不可思议[14]。但这种配餐法[15]在日本深得人心[16]。就拿我来说吧,一提起锅贴儿就馋得要命[17],学汉语[18]就是从跟中国人学包饺子[19],做锅贴儿开始的。不过,再香的锅贴儿,如果不配上热腾腾[20]的米饭,我也不觉得好吃。

Check 37

【饺子 Jiǎozi】（ギョーザ）

p. 152

1）**水饺** shuǐjiǎo：[名] 水餃子
2）**锅贴儿** guōtiēr：[名] 焼き餃子
3）**餐馆儿** cānguǎnr：[名] レストラン
4）**当** dàng：[動] 〜とする．〜と見なす
5）**配** pèi：[動] 組み合わせる．添える
6）**菜单儿** càidānr：[名] メニュー
7）**副食** fùshí：[名] 副食．おかず
8）**就** jiù：[動]（ご飯を食べる時に）料理を添える

p. 153

9）**对味儿** duì//wèir：[動] 味がつり合う
10）**餐桌** cānzhuō：[名] 食卓
11）**汤面** tāngmiàn：[名]（スープのある）麺
12）**离奇** líqí：[形] 奇怪である．奇異である．風変わりである
13）**面包** miànbāo：[名] パン
14）**不可思议** bù kě sī yì：[成] 想像できない．理解しがたい
15）**配餐法** pèicānfǎ：[名] 料理の組み合わせ方
16）**得人心** dé rénxīn：[慣]（多くの人に）好感を持たれる．支持される
17）**馋** chán：[形]（口が）卑しい．食いしん坊である
18）**要命** yàomìng：[形]（程度が）甚だしい．たまらない
19）**包** bāo：[動]（餃子を）作る
20）**热腾腾** rètēngtēng：[形] 熱くてほかほかしている

問37

中国語を聞いて、それぞれの質問に対してⓐ～ⓓの中から最も適当なものを1つ選びなさい。

(1) 在中国留学时，朋友问他什么？
   ⓐ
   ⓑ
   ⓒ
   ⓓ

(2) 中国餐馆儿菜单儿上的饺子多指什么？
   ⓐ
   ⓑ
   ⓒ
   ⓓ

(3) 日本人在饮食习惯上把锅贴儿当什么？
   ⓐ
   ⓑ
   ⓒ
   ⓓ

(4) 对于中国人来说，锅贴儿配米饭的吃法怎么样？
   ⓐ
   ⓑ
   ⓒ
   ⓓ

(5) 一提起饺子，他会怎么样？
   ⓐ
   ⓑ
   ⓒ
   ⓓ

➡ 解答は、解答篇 p 37

38 喝茶 Hē chá

我 这个 人 最 爱 喝 茶，尤其 爱 喝 中国
Wǒ zhège rén zuì ài hē chá, yóuqí ài hē Zhōngguó

的 乌龙茶。还 自 以 为 是 地 想 中国人 胖
de wūlóngchá. Hái zì yǐ wéi shì de xiǎng Zhōngguórén pàng

的 少，肯定 是 因为 天天 都 喝 乌龙茶。三 年
de shǎo, kěndìng shì yīnwèi tiāntiān dōu hē wūlóngchá. Sān nián

前 去 北京 短期 留学，才 知道 原来 不 是 这样。
qián qù Běijīng duǎnqī liúxué, cái zhīdao yuánlái bú shì zhèyàng.

在 北京 不管 在 哪 家 餐馆儿 用 餐，上 的
Zài Běijīng bùguǎn zài nǎ jiā cānguǎnr yòng cān, shàng de

茶 都 是 花茶。刚 开始 我 实在 喝不来，就 求
chá dōu shì huāchá. Gāng kāishǐ wǒ shízài hēbulái, jiù qiú

服务员 换上 乌龙茶，服务员 为难 地 解释 说：
fúwùyuán huànshàng wūlóngchá, fúwùyuán wéinán de jiěshì shuō:

"我们 这儿 可 没有 乌龙茶，要 喝 乌龙茶，那 得
"Wǒmen zhèr kě méiyou wūlóngchá, yào hē wūlóngchá, nà děi

自己 去 茶叶店 买。"没 办法，我 只好 跑到 外面
zìjǐ qù cháyèdiàn mǎi." Méi bànfa, wǒ zhǐhǎo pǎodào wàimian

去 买。在 大街上 看到 有 卖 瓶装 的 茶水，
qù mǎi. Zài dàjiēshang kàndào yǒu mài píngzhuāng de cháshuǐ,

样子 差不多 和 日本 自动 售货机里 的 一样，便
yàngzi chàbuduō hé Rìběn zìdòng shòuhuòjīli de yíyàng, biàn

急忙 买 了 一 瓶 打开 盖儿 喝，没 想到 茶水
jímáng mǎi le yì píng dǎkāi gàir hē, méi xiǎngdào cháshuǐ

是甜的。仔细一看，包装纸上写着：低糖绿茶。接着我又来到了一家茶叶店，这儿茶的品种真不少，但价格都贵得吓人。没办法，我干脆放弃了非喝乌龙茶的念头，觉得应该入乡随俗，培养喝花茶的习惯。就这样没过几天，我慢慢儿地竟能品尝出花茶的好坏了。更没想到两个多月后回到了日本，每当喝茶时都会怀念起那飘溢着特殊香味儿的花茶。

Check 38

【喝茶 Hē chá】（お茶を飲む）

p. 156

1) **乌龙茶** wūlóngchá：［名］ウーロン茶
2) **自以为是** zì yǐ wéi shì：［成］自分で自分を正しいとする．独りよがりである
3) **用餐** yòng cān：食事をする
4) **花茶** huāchá：［名］ジャスミン茶
5) **喝不来** hēbulái：（口に合わなくて）飲めない
6) **求** qiú：［動］（用事などを）求める．頼む
7) **服务员** fúwùyuán：［名］ウェイター．ウェイトレス
8) **为难** wéinán：［形］（どうしてよいのかわからなくて）困る
9) **茶叶店** cháyèdiàn：［名］お茶屋
10) **瓶装** píngzhuāng：［名］ペットボトル入り
11) **自动售货机** zìdòng shòuhuòjī：［名］自動販売機
12) **盖儿** gàir：［名］ふた
13) **茶水** cháshuǐ：［名］お茶

p. 157

14) **甜** tián：［形］甘い
15) **价格** jiàgé：［名］価格
16) **吓人** xiàrén：［形］怖い．恐ろしい
17) **念头** niàntou：［名］考え
18) **入乡随俗** rù xiāng suí sú：［成］郷に入っては郷に従え
19) **培养** péiyǎng：［動］（習慣を）身に付ける
20) **品尝** pǐncháng：［動］味わう
21) **好坏** hǎohuài：［名］良し悪し
22) **怀念** huáiniàn：［動］恋しく思う．懐かしく思う
23) **飘溢** piāoyì：［動］（香りが）漂いあふれる．満ちあふれる
24) **香味儿** xiāngwèir：［名］芳しい香り

B 36

問38 中国語を聞いて、それぞれの質問に対して ⓐ～ⓓ の中から最も適当なものを1つ選びなさい。

（1）她最爱喝中国的什么茶？
　　ⓐ
　　ⓑ
　　ⓒ
　　ⓓ

（2）服务员劝她去哪里买乌龙茶？
　　ⓐ
　　ⓑ
　　ⓒ
　　ⓓ

（3）北京卖的瓶装茶的味道和日本的有什么不同？
　　ⓐ
　　ⓑ
　　ⓒ
　　ⓓ

（4）她为什么没在茶叶店买乌龙茶？
　　ⓐ
　　ⓑ
　　ⓒ
　　ⓓ

（5）她放弃了非喝乌龙茶的念头后，觉得应该怎么做？
　　ⓐ
　　ⓑ
　　ⓒ
　　ⓓ

➡ 解答は、解答篇 p 38

39 女儿红 Nǚ'érhóng

单位 为了 欢迎 新 职员，在 新宿 的 一 家
Dānwèi wèile huānyíng xīn zhíyuán, zài Xīnsù de yì jiā

中国 餐馆儿 举办 了 联欢会。席上，服务员 捧着
Zhōngguó cānguǎnr jǔbàn le liánhuānhuì. Xíshang, fúwùyuán pěngzhe

一 坛 中国 绍兴酒 向 我们 推销，说："这 是
yì tán Zhōngguó shàoxīngjiǔ xiàng wǒmen tuīxiāo, shuō: "Zhè shì

特意 从 当地 直接 订购 来 的。"我 凑上去 仔细
tèyì cóng dāngdì zhíjiē dìnggòu lái de." Wǒ còushàngqu zǐxì

看 了 看，酒坛上 贴着 品牌儿：女儿红。我 问：
kàn le kàn, jiǔtánshang tiēzhe pǐnpáir : Nǚ'érhóng. Wǒ wèn:

"这个 品牌儿 有 什么 说道 吗？"她 耐心 地 给
"Zhège pǐnpáir yǒu shénme shuōdao ma ?" Tā nàixīn de gěi

我们 讲解起来："在 中国 的 绍兴，过去 有 一 个
wǒmen jiǎngjiěqǐlai : "Zài Zhōngguó de Shàoxīng, guòqù yǒu yí ge

风俗 习惯，家里 如果 生 了 女儿，就 酿 一 坛
fēngsú xíguàn, jiāli rúguǒ shēng le nǚ'ér, jiù niàng yì tán

酒 埋在 院子里，等 女儿 长大，到 了 出嫁 的
jiǔ máizài yuànzili, děng nǚ'ér zhǎngdà, dào le chūjià de

时候，就 把 这 坛 酒 带到 婆家 去。当然 这个
shíhou, jiù bǎ zhè tán jiǔ dàidào pójia qu. Dāngrán zhège

风俗 现在 已经 没有 了，但是 这个 酒名 却 留下
fēngsú xiànzài yǐjing méiyou le, dànshì zhège jiǔmíng què liúxià

了。" 嗬，原来 这 是 一 个 充满 父母 爱 女 之
le." Hē, yuánlái zhè shì yí ge chōngmǎn fùmǔ ài nǚ zhī

情的酒。"那就给我们上一坛吧!"大家异口同声地对服务员说。酒一上桌儿,大家互相斟酒,敬酒,开始做自我介绍。其中有个新职员说,自己去年结婚不久,刚生了一个女儿。大家打趣儿地说:"你现在就应该买坛绍兴酒埋在院子里,等将来女儿结婚时送给她!"那个年轻人红着脸反驳说:"我可不想把女儿嫁出去。""那你还想一辈子放在手心儿里捏着吗?"不知谁又喊了一句。大家哈哈地笑起来,我也有两个女儿,他的心情我太理解了。俗话说"可怜天下父母心"嘛!

Check 39

【女儿红 Nǚ'érhóng】（ニーアルホン）

p. 160

1）**单位** dānwèi：［名］職場
2）**新职员** xīn zhíyuán：［名］新入社員
3）**捧** pěng：［動］両手で捧げ持つ
4）**绍兴酒** shàoxīngjiǔ：［名］紹興酒（しょうこうしゅ）
5）**推销** tuīxiāo：［動］（お客に）商品をすすめる
6）**订购** dìnggòu：［動］取り寄せる．予約購入する
7）**酒坛** jiǔtán：［名］酒のかめ
8）**品牌儿** pǐnpáir：［名］銘柄
9）**女儿红** nǚ'érhóng：［名］女児紅（ニーアールホン）
10）**说道** shuōdao：［名］いわれ．わけ
11）**讲解** jiǎngjiě：［動］説明する
12）**酿** niàng：［動］（酒を）醸造する
13）**出嫁** chū//jià：［動］嫁ぐ．嫁に行く
14）**婆家** pójia：［名］嫁ぎ先．夫の家

p. 161

15）**异口同声** yì kǒu tóng shēng：［成］異口同音．皆が口をそろえて同じ声を出す
16）**上桌儿** shàng//zhuōr：［動］テーブルに出す
17）**斟酒** zhēn jiǔ：酒をつぐ
18）**红脸** hóng//liǎn：［動］顔を赤くする
19）**一辈子** yíbèizi：［名］一生
20）**手心儿** shǒuxīnr：［名］手の中．勢力の及ぶ範囲
21）**捏** niē：［動］（手の中に）つかむ．握る
22）**理解** lǐjiě：［動］（気持ちを）理解する
23）**可怜天下父母心** kělián tiānxià fùmǔ xīn：［諺］子を持って泣かぬ親は無い

B 38

問39 中国語を聞いて、それぞれの質問に対して ⓐ～ⓓ の中から最も適当なものを1つ選びなさい。

(1) 单位为什么举办联欢会？
　　ⓐ
　　ⓑ
　　ⓒ
　　ⓓ

(2) 宴席上服务员向他们推销什么酒？
　　ⓐ
　　ⓑ
　　ⓒ
　　ⓓ

(3) 绍兴过去有过什么风俗习惯？
　　ⓐ
　　ⓑ
　　ⓒ
　　ⓓ

(4) "女儿红"这个酒名充满了什么情意？
　　ⓐ
　　ⓑ
　　ⓒ
　　ⓓ

(5) 他是用什么俗语形容父母的？
　　ⓐ
　　ⓑ
　　ⓒ
　　ⓓ

➡ 解答は、解答篇 p 39

— 163 —

40 团圆饭 Tuányuánfàn

有一次爸爸、妈妈、妹妹和我,一家四口人来到横滨的中华街,那天正巧是节日,街上热闹极了,舞狮子的锣鼓声、旅客们的叫好声、庆祝节日的鞭炮声、生意人的叫卖声响成一片,一派节日气氛。

中午大家肚子都饿了,全家进了一家中餐馆儿,我说:"今天我请客,想吃什么要什么!"妹妹说:"那我就不客气了!"接着就听她大声地点菜:八宝菜、糖醋鲤鱼、回锅肉、红烧虾仁儿、麻婆豆腐、青椒肉丝、鱼翅汤、什锦炒面、杏仁豆腐……,转眼间,饭桌上摆得满满的。但是不知为什么事儿爸爸妈妈在争论着什么,

妹妹 只顾 吃 菜，一 声 不 吭，[16)] 气氛 真 有点儿
mèimei zhǐgù chī cài, yì shēng bù kēng, qìfēn zhēn yǒudiǎnr

紧张。[17)] 但 没 过 多 一会儿，酒 上桌儿 了，爸爸
jǐnzhāng. Dàn méi guò duō yíhuìr, jiǔ shàngzhuōr le, bàba

妈妈 拿起 筷子[18)] 举起 酒杯，大家 露出 了 笑脸，
māma náqǐ kuàizi jǔqǐ jiǔbēi, dàjiā lòuchū le xiàoliǎn,

气氛 慢慢儿 地 活跃起来，[19)] 我 和 妹妹 说 个 不停，[20)]
qìfēn mànmānr de huóyuèqǐlai, wǒ hé mèimei shuō ge bùtíng,

爸爸 妈妈 也 恩恩爱爱[21)] 地 互相 夹起[22)] 菜 来。这
bàba māma yě ēnēn'àiài de hùxiāng jiāqǐ cài lai. Zhè

就是 围着[23)] 圆桌 同 餐[24)] 共 饮 的 好处，[25)] 难怪
jiùshì wéizhe yuánzhuō tóng cān gòng yǐn de hǎochu, nánguài

中国人 把 一 家 人 共餐[26)] 叫做：团圆饭。[27)]
Zhōngguórén bǎ yì jiā rén gòngcān jiàozuò: tuányuánfàn.

那 顿 饭 我们 全家 吃得 很 愉快，那 一天
Nà dùn fàn wǒmen quánjiā chīde hěn yúkuài, nà yìtiān

我们 玩儿得 也 很 愉快。
wǒmen wánrde yě hěn yúkuài.

Check 40

【団圆饭 Tuányuánfàn】（一家だんらんの食事）

p. 164

1）**中华街** Zhōnghuájiē：［名］中華街
2）**舞狮子** wǔ shīzi：獅子舞をする
3）**锣鼓声** luógǔshēng：［名］ドラや太鼓の音
4）**叫好声** jiàohǎoshēng：［名］歓声
5）**鞭炮声** biānpàoshēng：［名］爆竹の音
6）**叫卖声** jiàomàishēng：［名］売り声
7）**中餐馆儿** Zhōngcānguǎnr：［名］中華レストラン
8）**请客** qǐng//kè：［動］おごる．ごちそうする
9）**点菜** diǎn//cài：［動］料理を1つずつ指定して注文する
10）**糖醋鲤鱼** tángcùlǐyú：コイの甘酢あんかけ
11）**红烧虾仁儿** hóngshāoxiārénr：エビのチリソース
12）**鱼翅汤** yúchìtāng：ふかひれスープ
13）**什锦炒面** shíjǐnchǎomiàn：五目やきそば
14）**满满** mǎnmǎn：［形］いっぱいである
15）**争论** zhēnglùn：［動］言い争う．口論する

p. 165

16）**一声不吭** yì shēng bù kēng：［成］一言も言葉を発しない．押し黙っている
17）**紧张** jǐnzhāng：［形］（雰囲気が）張り詰めている．緊迫している
18）**筷子** kuàizi：［名］箸
19）**活跃** huóyuè：［形］（雰囲気が）活気がある
20）**不停** bùtíng：［動］止まらない．やまない
21）**恩恩爱爱** ēnēn'àiài：［形］（夫婦が）仲むつまじい
22）**夹菜** jiā cài：（箸で）料理を取る
23）**圆桌** yuánzhuō：［名］円卓
24）**同餐共饮** tóng cān gòng yǐn：一緒に飲み食いする
25）**好处** hǎochu：［名］長所．利点
26）**共餐** gòngcān：［動］一緒に食事する
27）**团圆饭** tuányuánfàn：［名］一家団らんの食事

問40

中国語を聞いて、それぞれの質問に対してⓐ～ⓓの中から最も適当なものを１つ選びなさい。

(1) 她们全家去哪儿了？
   ⓐ
   ⓑ
   ⓒ
   ⓓ

(2) 她们在什么餐馆儿吃的饭？
   ⓐ
   ⓑ
   ⓒ
   ⓓ

(3) 妹妹点的菜多不多？
   ⓐ
   ⓑ
   ⓒ
   ⓓ

(4) 刚开始吃饭时，气氛怎么样？
   ⓐ
   ⓑ
   ⓒ
   ⓓ

(5) 中国人把一家人共餐叫什么？
   ⓐ
   ⓑ
   ⓒ
   ⓓ

➡ 解答は、解答篇 p 40

重要構文リスト

> ※本文中にある重要構文を抽出し、アルファベット順に並べた。
> 　数字は、ページ数を示す。

B

包括…在内	〜を含む．含める	84, 120
边…边…	〜しながら〜する	40, 57, 88
不管…都…	〜であろうと〜	32, 44, 72, 148, 156
不光…而且…	〜だけでなく〜その上	145
不仅…而且…	〜だけでなく〜その上	44, 64, 125, 128
不仅…还…	〜だけでなく〜も	100
不然	そうでなければ	32、61

C

除…外	〜以外に	64, 117
从…到…	〜から〜まで	40, 60
从…开始	〜から	72, 128, 145

F

非…（不可）	ぜひとも〜しなければ納まらない	157

G

固然…但（是）…	もとより〜であるが〜しかし	93, 109

H

或许…或许…	〜かもしれないし〜かもしれない	69

J

即便…还…	たとえ〜でも	61
即便…也…	たとえ〜でも	49
既…也…	〜でもあり〜でもある	96
既…又…	〜でもあり〜でもある	77
既然	〜するからには．〜である以上	65

重要構文リスト

尽管…但…	～ではあるが、しかし	60
就是…不是…	～であって～ではない	61
就要…了	まもなく～する	68

K

| 快…了 | まもなく～する | 13, 56 |

L

| 连…都… | ～さえも | 113, 128 |
| 连…也… | ～さえも | 76 |

N

| 难道…吗 | まさか～ではあるまい | 68, 85 |

R

| 如果…（就）… | もしも～なら～ | 8, 52, 84, 93, 153, 160 |

S

谁…谁…	誰かが～すれば誰かが（誰かを）～	92
…什么…什么	何かを～すれば何かを～	164
甚至	ひいては．はては	100
虽…但…	～ではあるが、しかし	45
虽然…但（是）…	～ではあるが、しかし	17, 28, 33, 64, 68, 97, 109
虽说…但…	～ではあるが、しかし	68
随着	～につれて．～に従って	60

W

| 为了…而… | ～のために～する | 85 |
| 无论…都… | ～であろうと．～にかかわらず | 57, 65 |

X

先…然后…	まず～して、それから～	28
像…似的	～のようだ	48
像…一样	～のようだ	7, 32

Y

要…（就）…	もしも〜なら〜	89, 109
要不然	そうでなければ	49
一…就…	〜するとすぐ	20, 32, 36, 40, 52, 68, 72, 104, 116, 128, 132, 136, 144, 153
一边…一边…	〜しながら〜する	72
因…关系	〜だから．〜のため	29, 140, 152
因为…所以…	〜なので〜それで〜	29, 140, 152
由于	〜によって．〜のために	8, 133
又…又…	〜でもあり〜でもある	33, 108
于是	そこで．それで	17, 97
越…越…	〜すれば〜するほど〜だ	12, 37

Z

| 再…也… | これ以上どんなに〜しても〜だ | 153 |
| 只要…（就）… | 〜さえしたら〜だ | 24, 72, 84, 104 |

著者略歴

徐 迎新（じょ げいしん　Xú Yíngxīn）
1955年、吉林省長春市生まれ。大正大学東洋哲学修士課程修了。現在、読売・日本テレビ文化センター専任講師。
著書に「中国語ワードチェック」「中国語リスニングチェック」「中国語リスニングマスター」「中国語リスニングシアター」「中国語ベースチェック」（以上駿河台出版社）、「中国語会話ルート66」（東方書店）等がある。

竹島 毅（たけしま つよし）
1959年、神奈川県生まれ。日本大学中国学修士課程修了。現在、大東文化大学助教授。
著書に「中国語ワードチェック」「中国語リスニングチェック」「中国語リスニングマスター」「中国語リスニングシアター」（以上駿河台出版社）、「中国語会話ルート66」（東方書店）等がある。

中国語リスニングステージ
（CD2枚付）

徐　迎新　著
竹島　毅

2008. 5. 30　初版発行
2011. 7. 20　2刷発行

発行者　井田洋二

〒101-0062東京都千代田区神田駿河台3の7
電話03(3291)1676　FAX 03(3291)1675
発行所　振替00190-3-56669
E-mail：edit@e-surugadai.com
URL：http://www.e-surugadai.com

株式会社　駿河台出版社

製版　㈱フォレスト／印刷　三友印刷㈱
ISBN978-4-411-03040-5　C1087　¥2400E

－駿河台出版社　中国語リスニングシリーズ－

新訂版　中国語リスニングチェック〈CD2枚付〉
「聞く」から「効く」へ　第1弾!「日常生活篇」
●豊富な練習を通じて、リスニング力をつけるための問題集です。使い方次第で学習者のレベルに応じて幅広く使え、中検4〜3級のリスニング問題対策にも対応できるように配慮してあります。また、耳の訓練以外にも、語彙・文法などの面も強化できるように構成されています。
■徐迎新／竹島毅　著　　　　　　　■定価2415円
■A5/166頁＋48頁　■ISBN978-4-411-03049-8

中国語リスニングマスター〈CD2枚付〉
「聞く」から「効く」へ　第2弾!「旅行・留学篇」
●豊富な練習を通じて、リスニング力をつけるための問題集です。若干高いレベルを設定し、リスニング力向上に悩む中、上級者に対応できるように構成されています。同時に読解力も養え、使い方次第で中検3〜2級のリスニング問題対策にも効果的です。
■徐迎新／竹島毅　著　　　　　　　■定価2520円
■A5/168頁＋48頁　■ISBN978-4-411-03028-3

中国語リスニングシアター〈CD2枚付〉
「聞く」から「効く」へ　第4弾!「春夏秋冬篇」
●豊富な練習を通じて、リスニング力をつけるための問題集です。若干高いレベルを設定し、リスニング力向上に悩む中、上級者に対応できるように構成されています。同時に会話力も養え、使い方次第で中検3〜2級のリスニング問題対策にも効果的です。
■徐迎新／竹島毅　著　　　　　　　■定価2625円
■A5/216頁＋52頁　■ISBN978-4-411-03048-1

中国語リスニングステージ　別冊

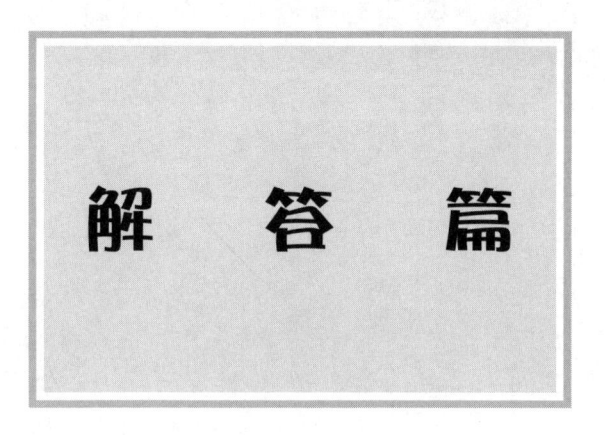

解答篇

※リスニング問題（問1～問40）の解答篇です。
※白抜きが正答です。
※本文の日本語訳も付いています。

駿河台出版社

問1　賞樱花

問　答

(1) 在离家不远的地方有个什么景区？　（家から近い所にどんな名所がありますか。）
- ⓐ 购物。Gòuwù.　（ショッピング。）
- ⓑ 赏月。Shǎngyuè.　（月見。）
- ⓒ 爬山。Páshān.　（山登り。）
- ❹ 赏花。Shǎnghuā.　（花見。）

(2) 今年为什么樱花开得比往年早？　（今年はなぜ桜が例年より早咲きなのですか。）
- ⓐ 因为春天很暖和。Yīnwèi chūntiān hěn nuǎnhuo.　（春が暖かいため。）
- ⓑ 因为冬天太冷了。Yīnwèi dōngtiān tài lěng le.　（冬が寒かったため。）
- ❸ 由于暖冬的关系。Yóuyú nuǎndōng de guānxi.　（暖冬のため。）
- ⓓ 不太清楚。Bú tài qīngchu.　（不明。）

(3) 樱花一年开多长时间？　（桜は1年のうちどのくらいの期間咲きますか。）
- ⓐ 两三天。Liǎng sān tiān.　（2、3日。）
- ❷ 一个星期左右。Yí ge xīngqī zuǒyòu.　（1週間前後。）
- ⓒ 一个多月。Yí ge duō yuè.　（1ヶ月あまり。）
- ⓓ 春天一直开。Chūntiān yìzhí kāi.　（春の間ずっと。）

(4) 赏花时妻子热中于什么？　（花見の間、妻は何に夢中でしたか。）
- ⓐ 钓鱼。Diàoyú.　（釣りをする。）
- ⓑ 摄影。Shèyǐng.　（ビデオ撮影をする。）
- ⓒ 打手机。Dǎ shǒujī.　（携帯で電話する。）
- ❹ 小吃摊儿。Xiǎochī tānr.　（軽食の屋台。）

(5) 他对妻子和孩子说了什么抱怨的话？　（彼は妻と子供に何と言って不満を表わしましたか。）
- ⓐ 别光喝酒了。Bié guāng hē jiǔ le.　（酒ばかり飲んでないで。）
- ⓑ 钱都浪费了。Qián dōu làngfèi le.　（お金がもったいない。）
- ❸ 好好儿看看花儿不行吗？Hǎohāor kànkan huār bùxíng ma？
　（ゆっくり花を見たらどうなの。）
- ⓓ 你怎么不和我一起唱《樱花》这首歌？
　Nǐ zěnme bù hé wǒ yìqǐ chàng《Yīnghuā》zhè shǒu gē？
　（『さくら』の歌をどうして一緒に歌ってくれないの。）

本文訳例

日曜日に家族連れで花見に行った。自宅からほど近い川沿いが桜で埋め尽くされ、花見の名所として賑わっている。今年は暖冬のせいか、例年以上に早咲きで、4月にならないというのに、すでに一番の見頃だ。

それにしても、なんという美しさなのだろう。この世に本当に桃源郷があるとするなら、まさにここではないか！　桜は他の花と異なり、一年のうちでわずか一週間ほどしか咲かない花なのだからこそ、ひときわ愛おしい存在なのかもしれない。美しい桜に酔いしれていると、「さくら、さくら、弥生の空は……」と思わず鼻歌が出る。ところが、そうして気分が盛り上がっているのに、子供はあれが食べたい、これが食べたいとうるさいし、女房も肝心の桜より屋台の方ばかりに関心が向いていて、何とも白けてしまう。「年に1度のせっかくの花見なんだから、すこしぐらいゆっくり見ていろよ」と小言を言ったところで、聞く耳持たず、である。浮世を離れ、今日は命の洗濯をしようかと思っていたが、考えが甘かった……。まあ、考えてみれば、普段は私自身が何かにかこつけて外で一杯やるクチなのだから、下手にやめさせたりしたら反撃を食うこと必至だ。

問2　登富士

問　答

(1) 日本的象征是什么？　　　　　　　　　　　（日本の象徴は何ですか。）
- ⓐ 黄山。Huángshān.　　　　　　　　　　　　　　　　　（黄山。）
- ⓑ 香山。Xiāngshān.　　　　　　　　　　　　　　　　　（香山。）
- ⓒ 峨眉山。Éméishān.　　　　　　　　　　　　　　　　（峨眉山。）
- **ⓓ 富士山。Fùshìshān.**　　　　　　　　　　　　　　　（富士山。）

(2) 她是从什么地方开始爬山的？　　　　　　（彼女はどこから登山を開始しましたか。）
- ⓐ 山顶。Shāndǐng.　　　　　　　　　　　　　　　　　（山頂。）
- ⓑ 山脚。Shānjiǎo.　　　　　　　　　　　　　　　　　（山裾。）
- ⓒ 山坡。Shānpō.　　　　　　　　　　　　　　　　　（山の斜面。）
- **ⓓ 半山腰儿。Bànshānyāor.**　　　　　　　　　　　　（山の中腹。）

(3) 她一边爬山一边决定要做什么？　　　　　（彼女は登りながら何を決心しましたか。）
- ⓐ 锻炼身体。Duànliàn shēntǐ.　　　　　　　　　　　　（体を鍛える。）
- **ⓑ 向山顶冲去。Xiàng shāndǐng chōngqu.**　　　　　（山頂まで突き進む。）
- ⓒ 总有一天要爬中国的泰山。Zǒng yǒu yìtiān yào pá Zhōngguó de Tàishān.
　　　　　　　　　　　　　　　　　　　　　　　　（いつか中国の泰山にも登りたい。）
- ⓓ 今天晚上住在山顶的小屋里。Jīntiān wǎnshang zhùzài shāndǐng de xiǎowūli.
　　　　　　　　　　　　　　　　　　　　　　　　（今夜は山小屋に泊まる。）

(4) 为什么在山顶上看不清周围的景色？（山頂からの景色はなぜ見えなかったのですか。）
- ⓐ 天黑了。Tiān hēi le.　　　　　　　　　　　　　　　（日が暮れていた。）
- ⓑ 天气不好。Tiānqi bù hǎo.　　　　　　　　　　　　（天候不良だった。）
- **ⓒ 被迷雾笼罩着。Bèi míwù lǒngzhàozhe.**　　　　　（濃霧に覆われていた。）
- ⓓ 她的眼睛不好。Tā de yǎnjing bù hǎo.　　　　　　（彼女は目が悪かった。）

(5) 第二天一早她被什么打动了？　　　（翌日の早朝彼女は何に感動させられましたか。）
- **ⓐ 红日。Hóngrì.**　　　　　　　　　　　　　　　　　（真っ赤な太陽。）
- ⓑ 迷雾。Míwù.　　　　　　　　　　　　　　　　　　（濃霧。）
- ⓒ 云海。Yúnhǎi.　　　　　　　　　　　　　　　　　　（雲海。）
- ⓓ 早霞。Zǎoxiá.　　　　　　　　　　　　　　　　　　（朝焼け。）

本文訳例

　先週、富士山に初めて登った。日本の象徴であり、日本人の誇りでもある富士に、一度は挑んでみようと思ったのである。
　当日、麓から観光バスに揺られ、中腹まで来るといよいよ登攀開始。一歩一歩踏みしめながら山頂を目指すうちに、気分は高揚し、中国の泰山に登った時のような強いパワーを全身に感じた。「霊峰」と称されるほどの山は、私にとってより魅力的だ。よしっ、最後まで絶対にあきらめないぞ。私は意を決し、頂上目指して突き進んだ。頂が近づくにつれて傾斜がきつくなり、息が上がるが、登山仲間に励まされ、ようやくゴール。眼下に望めるはずの景色はあいにく濃い霧がかかっていて見えず、私たちは山小屋に入って、翌日のご来光に備えることにした。
　次の朝、眠い目をこすりながら小屋を出ると、東の空の雲海が徐々に明るくなり、真っ赤な太陽が勢いよく顔を出した。神々しい大自然の景観に強い感動を覚えているうちに、ある思いがこみ上げてきた。常日頃些細なことで思い悩んでいる自分はなんとちっぽけな存在なのだろう！

問3　防地震

問　答

(1) 去东京上大学时，奶奶担心他什么？
　　　　　　　　　　　（東京の大学に行く時、祖母は彼の何を心配しましたか。）
- ⓐ 生病。Shēngbìng.　　　　　　　　　　　　　　　（病気になる。）
- ⓑ 旷课。Kuàngkè.　　　　　　　　　　　　　　　（授業をさぼる。）
- ⓒ 被骗钱。Bèi piàn qián.　　　　　　　　　　　　（詐欺に遭う。）
- ❹ 遇到地震。Yùdào dìzhèn.　　　　　　　　　　　（地震に遭う。）

(2) 遇到地震时，他想什么了？　　（地震に遭ったとき、彼は何を思いましたか。）
- ❶ 这下可完了！Zhèxià kě wán le !　　　　　　　（これで一巻の終わりだ。）
- ⓑ 马上关上火源。Mǎshàng guānshàng huǒyuán.　（すぐに火を消そう。）
- ⓒ 钻进桌子底下。Zuānjìn zhuōzi dǐxia.　　　　　（机の下に隠れよう。）
- ⓓ 震级多少？震源在哪儿？Zhènjí duōshao ? Zhènyuán zài nǎr ?　（震度は？震源地は？）

(3) 地震后，他觉得哪句话说得对？
　　　　　　　　　　　（地震の後、彼はどういう言葉をなるほどと思いましたか。）
- ⓐ 杞人忧天。Qǐ rén yōu tiān.　　　　　　　　　　（杞憂。）
- ❺ 有备无患。Yǒu bèi wú huàn.　　　　　　　　　（備えあれば憂いなし。）
- ⓒ 欲速则不达。Yù sù zé bù dá.　　　　　　　　　（急いては事を仕損じる。）
- ⓓ 好了伤疤忘了疼。Hǎo le shāngbā wàng le téng.（のど元過ぎれば熱さを忘れる。）

(4) 利用休息时间他参加了什么活动？（休みの時間を利用して彼は何の活動に参加しましたか。）
- ❶ 防灾活动。Fángzāi huódòng.　　　　　　　　　（防災訓練。）
- ⓑ 救援活动。Jiùyuán huódòng.　　　　　　　　　（救助活動。）
- ⓒ 捐款活动。Juānkuǎn huódòng.　　　　　　　　（募金活動。）
- ⓓ 消防训练。Xiāofáng xùnliàn.　　　　　　　　　（消防訓練。）

(5) 他觉得"四大怕"中什么最可怕？
　　　　　　　　　　　（彼が「4つの怖いもの」の中で一番怖いと思っているのは何ですか。）
- ❶ 地震。Dìzhèn.　　　　　　　　　　　　　　　　（地震。）
- ⓑ 火灾。Huǒzāi.　　　　　　　　　　　　　　　　（火災。）
- ⓒ 老婆。Lǎopo.　　　　　　　　　　　　　　　　（女房。）
- ⓓ 老爷子。Lǎoyézi.　　　　　　　　　　　　　　（親父。）

本文訳例

　十年ほど前、東京の大学に入学することになった。発つ前、田舎の祖母から「いいかい、東京で地震に遭ったら、笑い事じゃ済まされないんだよ。家の中だったら机の下に隠れて、外にいたら地下鉄や高いビルは避けるんだよ」とうるさく言われ、そのたびに私は「心配いらないさ、杞憂だよ」と返した。その後田舎を離れ、大学の寮に入ったのだが、ある日の夜中、建物全体が激しく揺れるほどの地震を感じた瞬間、「うわっ、これでお陀仏か！」と全身に冷や汗をかいた。いくらもしないうちに揺れは収まり、テレビをつけると、震度5、震源地は千葉県だった。地震の後、私は「備えあれば憂いなし」とばかりに、防災用品の必要性を感じ、懐中電灯やラジオ、ミネラルウォーター、常備薬などを買い求めた。さらに、休みの時間を利用して参加した町内会主催の防災訓練では、地震発生直後にはまず頭や体を守ってから電気や火を止めることを覚え、予行演習では、消火器の使い方や人工呼吸による救命法を習った。お陰でそれ以降、何度か地震を経験したが、もう最初の時ほど慌てなくなった。
　日本のことわざに、「地震、雷、火事、親父」がある。中でも地震の怖さは他に類を見ないほどだ。しかし新婚まもない私にとって、地震以上に怖いのはやはり女房である。

問4　洗温泉

問　答

(1) 前几天她看了介绍什么的电视节目？
　　　　　　　　　　　　　　　　　　　　(先日彼女は何を紹介するテレビ番組を見ましたか。)
　　ⓐ 吃海鲜。Chī hǎixiān.　　　　　　　　　　　　　　　　　　(魚介類を食べる。)
　　ⓑ 穿和服。Chuān héfú.　　　　　　　　　　　　　　　　　　(着物を着る。)
　　ⓒ 喝清酒。Hē qīngjiǔ.　　　　　　　　　　　　　　　　　　(日本酒を飲む。)
　　❹ 洗温泉。Xǐ wēnquán.　　　　　　　　　　　　　　　　　　(温泉に入る。)

(2) 她们到了旅馆先做什么？　(彼女たちは旅館に着いてまず何をしましたか。)
　　ⓐ 睡榻榻米。Shuì tàtàmǐ.　　　　　　　　　　　　　　　　　(たたみに寝た。)
　　ⓑ 请人做按摩。Qǐng rén zuò ànmó.　　　　　　　　　　　　 (マッサージを頼んだ。)
　　ⓒ 穿上木屐去逛特产店。Chuānshàng mùjī qù guàng tèchǎndiàn.
　　　　　　　　　　　　　　　　　　　　　　　(下駄に履き替えて土産物屋をぶらついた。)
　　❹ 换上日式浴衣去泡温泉。Huànshàng Rìshì yùyī qù pào wēnquán.
　　　　　　　　　　　　　　　　　　　　　　　(浴衣に着替えて温泉に行った。)

(3) 对面的山上满山遍野都是什么？　(向い側の山は一面何で覆われていましたか。)
　　ⓐ 红梅。Hóngméi.　　　　　　　　　　　　　　　　　　　　(紅梅。)
　　❶ 红叶。Hóngyè.　　　　　　　　　　　　　　　　　　　　　(紅葉。)
　　ⓒ 雪景。Xuějǐng.　　　　　　　　　　　　　　　　　　　　　(雪景色。)
　　ⓓ 露天浴池。Lùtiān yùchí.　　　　　　　　　　　　　　　　 (露天風呂。)

(4) 洗完温泉她们去哪儿逛了？　(温泉から出た後、彼女たちはどこをぶらつきましたか。)
　　ⓐ 超市。Chāoshì.　　　　　　　　　　　　　　　　　　　　 (スーパーマーケット。)
　　ⓑ 商场。Shāngchǎng.　　　　　　　　　　　　　　　　　　 (デパート。)
　　ⓒ 便利店。Biànlìdiàn.　　　　　　　　　　　　　　　　　　 (コンビニ。)
　　❹ 特产店。Tèchǎndiàn.　　　　　　　　　　　　　　　　　　(土産物屋。)

(5) 什么给异国的朋友很深的感受？　(異国の友人に与えた強い印象とは何ですか。)
　　❶ 温泉之行。Wēnquán zhī xíng.　　　　　　　　　　　　　　(温泉の旅。)
　　ⓑ 电视的专题节目。Diànshì de zhuāntí jiémù.　　　　　　　　(テレビの特別番組。)
　　ⓒ 旅馆的服务态度。Lǚguǎn de fúwù tàidu.　　　　　　　　　 (旅館のサービスぶり。)
　　ⓓ 日本人洗温泉时的礼节。Rìběnrén xǐ wēnquán shí de lǐjié.　(日本人の温泉の作法。)

本文訳例

　先日、全国の温泉各地を紹介するテレビの特番を見て、仕事に追われる毎日から解放されて無性に温泉に行きたくなった。それで中国人の友人を誘ってみたが、彼女は好奇心いっぱいの様子で私に付き合ってくれた。宿に入るなり、浴衣に着替え、露天風呂へ。湯煙の向こうに、山一面広がる紅葉を眺めながら、私たちはどちらからともなく叫んだ。「ああ極楽、極楽！」。
　湯から上がると、下駄をひっかけて近くの土産物屋をぶらつき、宿に戻ってからは食事におしゃべり、マッサージなどをして、その日一日をゆっくりすごした。翌日、宿を後にすると、帰りのバスの中で、中国人の友人がこう言ってくれた。「これまで日本のホテルに宿泊した経験は何度かありますが、今回のような日本式の温泉旅館は初めてです。浴衣を着たり、新鮮な魚や日本酒をいただいたり、畳で休んだりして、もう夢心地でした。これからも機会があれば、ぜひまた楽しみたいですね」。
　正直、今回の温泉旅行が、異国の友人にこれほど強い印象を与えるとは思ってもいなかった。自国の文化や風習がいかに独特で貴重であるのか、と逆に考えさせられた。

問5　做俳句

問　答

(1) 参加俳句讲座，他担心什么？　（俳句教室に入会前、彼は何を心配していましたか。）
- ⓐ 交不上学费。Jiāobushàng xuéfèi.　　（授業料が払えなくなること。）
- ⓑ 写不好俳句。Xiěbuhǎo páijù.　　（うまく俳句を作れないこと。）
- ⓒ 老师要求很严。Lǎoshī yāoqiú hěn yán.　　（先生の要求が厳しいこと。）
- ⓓ 工作忙，上不了课。Gōngzuò máng, shàngbuliǎo kè.
　　（仕事が忙しくて、通えなくなること。）

(2) 听了老师的话，他心情怎么样？
　　（先生の話を聞いて、彼はどういう気持ちになりましたか。）
- ⓐ 很紧张。Hěn jǐnzhāng.　　（緊張した。）
- ⓑ 后悔了。Hòuhuǐ le.　　（後悔した。）
- ❸ 轻松多了。Qīngsōng duōle.　　（だいぶ気が楽になった。）
- ⓓ 心情很沉重。Xīnqíng hěn chénzhòng.　　（気が重くなった。）

(3) 他觉得屋檐儿下的什么可以引作俳句？
　　（軒下の何が俳句に使えると彼は思ったのですか。）
- ❶ 小鸟儿。Xiǎoniǎor.　　（小鳥。）
- ⓑ 瓜果蔬菜。Guāguǒ shūcài.　　（野菜果物。）
- ⓒ 喜怒哀乐。Xǐ nù āi lè.　　（喜怒哀楽。）
- ⓓ 夏天的星光。Xiàtiān de xīngguāng.　　（夏の星のきらめき。）

(4) 他想编辑出版一本什么书？　（彼はどんな本を出したいのですか。）
- ⓐ 诗集。Shījí.　　（詩集。）
- ⓑ 随笔。Suíbǐ.　　（エッセー。）
- ⓒ 影集。Yǐngjí.　　（写真集。）
- ❹ 俳句集。Páijù jí.　　（句集。）

(5) 他梦想着把自己的作品用汉语介绍给谁？
　　（彼は自分の作品を誰に中国語で紹介したいという夢がありますか。）
- ❶ 中国朋友。Zhōngguó péngyou.　　（中国人の友人。）
- ⓑ 中国作家。Zhōngguó zuòjiā.　　（中国の作家。）
- ⓒ 俳句的老师。Páijù de lǎoshī.　　（俳句の先生。）
- ⓓ 出版社的编辑。Chūbǎnshè de biānjí.　　（出版社の編集者。）

本文訳例

　俳句教室に昨年から通っている。あらかじめ提示されたテーマを基に、受講生が何首か作ってきて発表し、それに講師の先生が講評を加えていくという形で毎回進められる。
　入会前、自らの表現力の拙さに不安を覚えていたが、先生から「難しいことありませんよ。日ごろから身の回りのものをよく観察するようにすれば、誰にでも作れます」と励まされて自信がつき、肩の力が抜けた。それ以降、いつどこにいても注意深く観察するようになり、日々の暮らしの中で俳句に使える題材がいかに多いのかに気づかされた。散歩をすれば軒下で歌を奏でる小鳥が、買い物をすれば店先に華やかに並ぶ果実が、また春には甘く香る花々、夏には光きらめく星たち、秋には風に舞う落ち葉、冬には吹きすさぶ北風が、さらには移りゆく歳月とともに人の心に生じる喜怒哀楽がある。これらの無尽蔵の創作の泉によって、私は俳句作りの醍醐味にどっぷり浸かることとなった。そうして素直な気持ちを五七五で表現できるようになった今では、いつの日か同好の士とともに句集を編んでみたいと思っている。
　また、せっかく中国語を習っているのだから、自分の作品を中国人の友人に中国語で披露してみたいという夢もある。夢がかなったら、どんなに素晴らしいだろう。

問6　成人节

問　答

(1) 成人节时她开始想穿什么服装？
(成人の日に、彼女は当初どんな服装にしたいと思ってましたか。)
- ⓐ 和服。Héfú. （着物。）
- ⓑ 旗袍。Qípáo. （チャイナドレス。）
- ❸ 西服。Xīfú. （スーツ。）
- ⓓ 连衣裙。Liányīqún. （ワンピース。）

(2) 当天一大早她去发廊做什么？
(当日の朝一番で、彼女は美容院に何をしに行きましたか。)
- ⓐ 剪头。Jiǎntóu. （髪を切る。）
- ❺ 做头。Zuòtóu. （髪をセットする。）
- ⓒ 穿和服。Chuān héfú. （着物を着る。）
- ⓓ 参加成人节典礼。Cānjiā Chéngrénjié diǎnlǐ. （成人式に出席する。）

(3) 男朋友和她打趣儿说什么？ (ボーイフレンドは彼女に何と言って冷やかしましたか。)
- ⓐ 一见钟情。Yí jiàn zhōng qíng. （一目ぼれ。）
- ⓑ 情人眼里出西施。Qíngrén yǎnli chū Xīshī. （あばたもえくぼ。）
- ⓒ 天上掉馅儿饼了。Tiānshang diào xiànrbǐng le. （棚からぼた餅。）
- ❹ 人是衣裳，马是鞍。Rén shì yīshang, mǎ shì ān. （馬子にも衣装。）

(4) 在中国多大算成人？ （中国ではいくつで成人と見なされますか。）
- ⓐ 15岁。Shíwǔ suì. （15歳。）
- ❺ 18岁。Shíbā suì. （18歳。）
- ⓒ 20岁。Èrshí suì. （20歳。）
- ⓓ 24岁。Èrshisì suì. （24歳。）

(5) 中国朋友说和服来自哪儿？（中国人の友人は着物のルーツはどこだと言っていますか。）
- ⓐ 欧美的西服。Ōuměi de xīfú. （西洋のスーツ。）
- ⓑ 汉族的传统服装。Hànzú de chuántǒng fúzhuāng. （漢民族の伝統衣装。）
- ❸ 唐代的宫廷服装。Tángdài de gōngtíng fúzhuāng. （唐代の宮廷衣装。）
- ⓓ 云南省的少数民族服装。Yúnnán Shěng de shǎoshù mínzú fúzhuāng.
（雲南省の少数民族の衣装。）

本文訳例

　今年二十歳を迎え、地域主催の成人式に出席したが、久しぶりに着た着物に大いに堪能させられた。実は当初、スーツの予定だったのだが、両親に反対され、しぶしぶ従うことにしたのだ。当日の朝早くから美容院で髪を結ったり、貸衣装店で着付けをしてもらったりして身支度を整え、共に成人を迎える友人らと式に出かけた。優美な振袖ではあるが、普段着と違って、裾が細くて普通に歩けないし、胸がしめつけられて食事も満足にとれない。ボーイフレンドが「馬子にも衣裳と言うけれど、なるほどもっともだね」と笑いながら冷やかすので、私は返す刀で、「あなたには私はもったいないって事になるわね、まあがんばってちょっとでも背伸びしてね」。
　その日、成人式で多くの親戚や友人から祝福されたが、雅な着物が晴れの舞台を演出してくれたというべきであろう。
　会場に駆けつけてくれた留学生である中国の友人の話では、中国では十八で成人の仲間入りをするとのこと。また、着物は中国唐代の宮廷衣装がそのルーツであり、通気性に優れ、じめじめした日本の気候風土に適しているため、日本人に受け入れられて日本に定着した、とも言っていた。果たして本当なのだろうか。

問7　澡堂

問　答

(1) 他每天如果不洗澡就会怎么样？
　　　　　　　　　　　　　（彼は毎日風呂に入らなければ、どうだと言っていますか。）
- ⓐ 睡懒觉。Shuì lǎnjiào.　　　　　　　　　　　　　　　（寝坊する。）
- ❺ 睡不好觉。Shuìbuhǎo jiào.　　　　　　　　　　　　　（よく寝れない。）
- ⓒ 睡过头了。Shuìguò tóu le.　　　　　　　　　　　　　（寝過ごす。）
- ⓓ 睡眠不足。Shuìmián bùzú.　　　　　　　　　　　　　（寝不足。）

(2) 老板娘迎接客人时说什么？　　（銭湯の女将さんは接客の際に何と言いますか。）
- ❶ 欢迎，里面请！Huānyíng, lǐmian qǐng !　（いらっしゃい、さあどうぞ中へ。）
- ⓑ 欢迎，请喝茶！Huānyíng, qǐng hē chá !　（いらっしゃい、お茶をどうぞ。）
- ⓒ 欢迎提出宝贵意见！Huānyíng tíchū bǎoguì yìjiàn !
　　　　　　　　　　　　　　　　　　　　　（貴重なご意見をお寄せください。）
- ⓓ 欢迎，一共几位客人？Huānyíng, yígòng jǐ wèi kèren ?
　　　　　　　　　　　　　　　　　　　　　（いらっしゃいませ、何名様ですか。）

(3) 澡堂里晚辈们帮老人做什么？
　　　　　　　　　　　　（銭湯では目下の者がお年寄りに何をしてあげていますか。）
- ❶ 搓背。Cuōbèi.　　　　　　　　　　　　　　　　　　　（背中を流す。）
- ⓑ 倒茶。Dàochá.　　　　　　　　　　　　　　　　　　　（お茶を入れる。）
- ⓒ 看牙。Kàn yá.　　　　　　　　　　　　　　　　　　　（歯を診察する。）
- ⓓ 看孙子。Kān sūnzi.　　　　　　　　　　　　　　　　　（孫の面倒を見る。）

(4) 澡堂是个不可多得的什么场所？（銭湯はどのような場所として貴重な存在なのですか。）
- ⓐ 公共场所。Gōnggòng chǎngsuǒ.　　　　　　　　　　　（公共の場。）
- ⓑ 活动场所。Huódòng chǎngsuǒ.　　　　　　　　　　　　（活動の場。）
- ❸ 社交场所。Shèjiāo chǎngsuǒ.　　　　　　　　　　　　（社交場。）
- ⓓ 娱乐场所。Yúlè chǎngsuǒ.　　　　　　　　　　　　　（娯楽場。）

(5) 澡堂的正面墙上是什么？　　（銭湯の正面の壁は何になっていますか。）
- ⓐ 门帘。Ménlián.　　　　　　　　　　　　　　　　　　（暖簾。）
- ❺ 风景画。Fēngjǐnghuà.　　　　　　　　　　　　　　　（風景画。）
- ⓒ 电器广告。Diànqì guǎnggào.　　　　　　　　　　　　（電器製品の広告。）
- ⓓ 菜摊儿的蔬菜。Càitānr de shūcài.　　　　　　　　　　（八百屋の野菜。）

本文訳例

　酒もタバコもやらない私の唯一の楽しみは、銭湯に行くこと。一年中四季に関係なく、夕食後は自宅近くの銭湯へ。行かないと、寝つきが悪い。
　毎晩銭湯の暖簾をくぐるたびに、「いらっしゃい、ゆっくりしていって」と番台からいつもの温かい声をかけられ、親しげに挨拶を交わす近所の人たちの輪の中へ。「今日は忙しかったの？」「ここのところ暑いねえ」。入浴に、おしゃべりに、皆が思いのままにくつろぐ。手足が不自由なお年寄りがいれば、目下の者が自分の家族に接するかのように進んで背中を流してあげるなど、和やかな雰囲気に包まれている。さらにはそこかしこから巷の噂も。どこの誰かが定年で孫の面倒を見ているとか、どの歯医者が親切で痛くないとか、どこの八百屋が新鮮で安いとか。やはり銭湯は貴重な庶民の社交場なのである。
　ここの銭湯は実際以上に広く感じられるが、それも素朴な構図ながら迫力ある正面のタイル画によるものであろう。青く広がる大海原、点々と水面に浮かぶ船の帆、遠くにそびえる富士。湯に浸かっていると、果てしなく広がる大海原に身を横たえているようで、ゆったりした気分になれる。一日の疲れた体を銭湯で癒すのは、極上の楽しみだ。

問8　庙会

問　答

(1) 一个朋友和她聊起了家乡的什么？　　（友人は彼女に田舎の何を話題にしましたか。）
- ⓐ 庙会。Miàohuì.　（祭り。）
- ⓑ 民歌。Míngē.　（民謡。）
- ⓒ 特产。Tèchǎn.　（特産物。）
- ⓓ 乡下的土语。Xiāngxia de tǔyǔ.　（お国なまり。）

(2) 她为什么觉得朋友了不起？　　（彼女はなぜ友人のことをすごいと思ったのですか。）
- ⓐ 会打鼓。Huì dǎgǔ.　（太鼓が叩ける。）
- ⓑ 会跳舞。Huì tiàowǔ.　（踊りができる。）
- ⓒ 会吹笛子。Huì chuī dízi.　（笛を吹ける。）
- ⓓ 能主办庙会。Néng zhǔbàn miàohuì.　（祭りを運営できる。）

(3) 在村子里设有的专门场地上，除了打鼓还做什么？
　　（村の中に設けられた専用の場所では、太鼓以外に何をしますか。）
- ⓐ 玩儿游戏机。Wánr yóuxìjī.　（ゲーム。）
- ⓑ 看书、画画儿。Kàn shū、huà huàr.　（読書、絵画。）
- ⓒ 跳舞、吹笛子。Tiàowǔ、chuī dízi.　（踊り、笛。）
- ⓓ 打电脑、发伊妹儿。Dǎ diànnǎo、fā yīmèir.　（パソコン、Eメール。）

(4) 通过庙会可以增强什么？　　（祭りを通して何を強化することができますか。）
- ⓐ 人与人的交流。Rén yǔ rén de jiāoliú.　（人と人の交流。）
- ⓑ 表现自我的能力。Biǎoxiàn zìwǒ de nénglì.　（自己表現の能力。）
- ⓒ 关于庙会的知识。Guānyú miàohuì de zhīshi.　（祭りに関する知識。）
- ⓓ 热爱乡下庙会的心情。Rè'ài xiāngxia miàohuì de xīnqíng.　（田舎の祭りを愛する気持ち。）

(5) 她听了朋友老家的庙会，想做什么了？
　　（彼女は友人から田舎の祭りのことを聞いて、何をしたくなりましたか。）
- ⓐ 想回老家。Xiǎng huí lǎojiā.　（帰省したい。）
- ⓑ 想跟朋友学打鼓。Xiǎng gēn péngyou xué dǎgǔ.　（友人から太鼓を習いたい。）
- ⓒ 亲眼看看朋友打鼓时的样子。Qīnyǎn kànkan péngyou dǎgǔ shí de yàngzi.
　　（友人が太鼓を叩く姿を実際に見てみたい。）
- ⓓ 想看一下庙会时的热烈场面。Xiǎng kàn yíxià miàohuì shí de rèliè chǎngmiàn.
　　（祭りが盛り上がっているところが見たい。）

本文訳例

　帰省した友人が田舎の祭りの話をしてくれた。彼女の田舎では昔から祭りが年中行事となっているそうである。「何かやるの？」と尋ねると、「太鼓よ」という返事。「太鼓できるの？ すごいわね！」。私が信じられないという顔をすると、「これでも私、小さい頃からやっているのよ。毎年田舎に帰るたびに、仲間と練習して本番に備えるの」。「小さい頃からお祭りに関心があったの？」という問いに、彼女は幼少時のことを滔々と語り始めた。「昔から踊り、太鼓、笛などを練習する専用の場所があって、大人たちが指導してくれるの。子供たちは遊びの中で身に付けていくのよ」。「将来子供ができたら、やらせるの？」と聞くと、彼女は少しもためらわずに、「もちろん。祭りを通じて、人との連帯感や自分で表現することのすばらしさを学ばせられるもの」。彼女はさらに、「子供からお年寄りまでがこの日を楽しみにしていて、皆が心を一つにして祭りを盛り上げていくのよ」。村祭りを愛する彼女の気持ちがひしひしと伝わってきて、私は「その勇姿を見てみたい」と言うと、彼女は待っていましたとばかりに、「大歓迎よ！　私、観客が多ければ多いほど燃えるの！　来年待っているわ」。

問 9　酒馆儿

問　答

(1) 喝酒回家时，老婆总是怎么样？（飲んで帰宅すると、妻はいつもどういう態度ですか。）
　ⓐ 抱怨。Bàoyuàn.　　　　　　　　　　　　　　　（文句を言う。）
　ⓑ 高兴。Gāoxìng.　　　　　　　　　　　　　　　（喜ぶ。）
　ⓒ 生气。Shēngqì.　　　　　　　　　　　　　　　（怒る。）
　ⓓ 不理他。Bù lǐ tā.　　　　　　　　　　　　　　（無視する。）

(2) 回家晚时，老婆叮嘱他什么？　　（帰宅が遅い時、妻は何と言って釘をさしますか。）
　ⓐ 别忘了插门。Bié wàng le chāmén.　　　　（鍵を掛け忘れないように。）
　ⓑ 别忘了关灯。Bié wàng le guāndēng.　　　（電気を消し忘れないように。）
　ⓒ 别再喝酒了。Bié zài hē jiǔ le.　　　　　（これ以上飲まないように。）
　ⓓ 别影响孩子学习。Bié yǐngxiǎng háizi xuéxí.（子供の勉強の邪魔をしないように。）

(3) 回家早时，老婆担心他什么？　　（帰宅が早い時、妻は彼にどんな心配をしますか。）
　ⓐ 身体不好。Shēntǐ bù hǎo.　　　　　　　　　　（体の調子が悪い。）
　ⓑ 把钱花光了。Bǎ qián huāguāng le.　　　　　　（お金を使い切った。）
　ⓒ 被炒鱿鱼了。Bèi chǎo yóuyú le.　　　　　　　（仕事をクビになった。）
　ⓓ 是什么风把他吹来了？Shì shénme fēng bǎ tā chuīlai le ?
　　　　　　　　　　　　　　　　　　　　　　　　（どういう風の吹き回しなのか。）

(4) 有一天儿子告诉了他什么事儿？　　（ある日息子は彼に何を教えてくれましたか。）
　ⓐ 妈妈记得结婚纪念日。Māma jìde jiéhūn jìniànrì.
　　　　　　　　　　　　　　　　　　　（母親が結婚記念日を覚えていること。）
　ⓑ 妈妈想庆祝结婚纪念日。Māma xiǎng qìngzhù jiéhūn jìniànrì.
　　　　　　　　　　　　　　　　　　（母親が結婚記念日を祝いたがっていること。）
　ⓒ 妈妈在生日时想要什么。Māma zài shēngri shí xiǎng yào shénme.
　　　　　　　　　　　　　　　（母親が誕生日に何を欲しがっているかということ。）
　ⓓ 下个星期六是妈妈的生日。Xià ge xīngqīliù shì māma de shēngri.
　　　　　　　　　　　　　　　　　　（来週の土曜日が母親の誕生日であること。）

(5) 他让儿子陪酒是为什么？（彼が酒に付き合うように息子に言ったのは何のためですか。）
　ⓐ 为了互相交流。Wèile hùxiāng jiāoliú.　　（コミュニケーションを図るため。）
　ⓑ 因为在外边儿喝酒省钱。Yīnwèi zài wàibianr hē jiǔ shěngqián.
　　　　　　　　　　　　　　　　　　　　　（外で飲んだ方が安上りであるため。）
　ⓒ 想让儿子为爸爸妈妈劝架。Xiǎng ràng érzi wèi bàba māma quànjià.
　　　　　　　　　　　　　　　　　　（息子に夫婦喧嘩の仲裁をしてもらいたい。）
　ⓓ 好好儿商量商量怎么给妻子过生日。
　　　　　Hǎohāor shāngliangshāngliang zěnme gěi qīzi guò shēngri.
　　　　　　　　　　　　　　　　　　　　　（妻の誕生日のことを相談する。）

本文訳例

　一日の仕事を終えると、同僚とよく居酒屋に寄る。仕事のことから家族のこと、趣味のことから政治のことへと話題は尽きず、時間の経つのも忘れてしまう。経済的なことを考えるなら、家で飲んだ方が無論安くつくのだが、外で飲むことで、同僚とのコミュニケーションが図れ、ストレスが解消できる。ただ、飲んで帰るたびに、女房からは「体のこと考えて、少しは控えてよ。子供が大きくなるまで、うちはお父さん頼みなんですからね」と文句を言われ、「戸締りはきちんとしといてよ」と釘を刺される。たまに早く帰ると、「あれっ、どうしてこんなに帰りが早いの、クビになったんじゃないでしょうね？」と怪訝な顔をされる。
　そんなある日、息子から不意の一言。「父さん、毎晩のように外で飲んでくるけど、僕や母さんを避けているの？」。私が答えに窮していると、息子はいたずらっぽく瞬きをしながら、「来週の土曜日母さんの誕生日だよ、何かやってあげて」。ああ、すっかり忘れていた。そういえば、子供の誕生日は覚えているのに、女房の誕生日にしろ、結婚記念日にしろ、なおざりになっていた。期待をはらんだ子供の顔を見て、私は即答した。「よしっ、明日一杯つきあってくれ、母さんの誕生日について打ち合わせをしよう」。

問 10　荞麦面

問　答

(1) 奶奶为什么住院了？　　　　　　　　　　　（叔母はなぜ入院したのですか。）
   - **ⓐ** 得癌症了。Dé áizhèng le.　　　　　　　　　　　（癌になった。）
   - ⓑ 检查身体。Jiǎnchá shēntǐ.　　　　　　　　　　　（身体検査をする。）
   - ⓒ 因为要手术。Yīnwèi yào shǒushù.　　　　　　　（手術の必要から。）
   - ⓓ 遇到交通事故了。Yùdào jiāotōng shìgù le.　　　（交通事故に遭った。）

(2) 奶奶想吃什么？　　　　　　　　　　　　　（叔母は何を食べたかったのですか。）
   - ⓐ 担担面。Dàndanmiàn.　　　　　　　　　　　　（タンタンメン。）
   - ⓑ 刀削面。Dāoxiāomiàn.　　　　　　　　　　　　（トウショウメン。）
   - **ⓒ** 荞麦面。Qiáomàimiàn.　　　　　　　　　　　　（そば。）
   - ⓓ 炸酱面。Zhájiàngmiàn.　　　　　　　　　　　　（ジャージャーメン。）

(3) 奶奶什么时候给全家擀荞麦面？　　（叔母はいつ家族全員のためにそばを打ちましたか。）
   - **ⓐ** 大年夜。Dàniányè.　　　　　　　　　　　　　（大晦日。）
   - ⓑ 儿童节。Értóngjié.　　　　　　　　　　　　　（子供の日。）
   - ⓒ 正月初二。Zhēngyuè chū'èr.　　　　　　　　　（正月二日。）
   - ⓓ 每个星期天。Měi ge xīngqītiān.　　　　　　　（毎週日曜日。）

(4) 奶奶吃荞麦面时怎么了？　　　　　　（叔母はそばを食べた時どうなりましたか。）
   - ⓐ 悲伤得哭了。Bēishāngde kū le.　　　　　　　　（悲しくて泣いた。）
   - ⓑ 高兴地说："谢谢"。Gāoxìng de shuō: "Xièxie".　（喜んで「ありがとう」と言った。）
   - ⓒ 感动得说不出话。Gǎndòngde shuōbuchū huà.　（胸がつまって何も言えなかった。）
   - **ⓓ** 感动得流下眼泪了。Gǎndòngde liúxià yǎnlèi le.　（感激して涙を流した。）

(5) 现在她每当吃荞麦面时都会想起什么？
　　　　　　　　　　　　　　　　　（現在、彼女はそばを食べるたびに何を思い出しますか。）
   - ⓐ 奶奶的葬礼。Nǎinai de zànglǐ.　　　　　　　　（叔母の葬儀。）
   - ⓑ 奶奶做的酱。Nǎinai zuò de jiàng.　　　　　　　（叔母の手作りのみそ。）
   - ⓒ 贫穷的少年时代。Pínqióng de shàonián shídài.　（貧しかった子供の頃のこと。）
   - **ⓓ** 奶奶那慈祥的笑脸。Nǎinai nà cíxiáng de xiàoliǎn.　（叔母のやさしい笑顔。）

本文訳例

　五、六年前、祖母が癌であることが判った。病院に見舞いに行くと、「病人でもないのに、大げさにされ、無理やり入院させられた。退屈でたまらない」と私に不満をぶつけてくる。「何か食べたい物ない？　作ってあげるわよ」と機嫌を取ると、うれしそうに「そばが食べたいなあ」。ああ、そうだった。祖母は元気だった頃、そばが好物だったが、何より自身で作るのが好きだった。小さいころ家が貧しく、出費を抑えて自ら手間ひまかけ野菜やみそを作り、毎年大晦日には家族のためにそばを打ってくれた。当時よくその脇で手伝いをしていた私は、大人になるにつれ打ち方を覚えていった。「わかったわ、私が打ったのを食べてね」と口では言ってみたものの、もう何年もやっていない。大丈夫だろうか。家に帰って練習を重ねた結果、一応祖母に出して恥ずかしくないものができた。持って行ってどうぞとすすめると、祖母はぽろぽろ涙を流しながら、「おいしい、おいしい」とそばをすすってくれた。
　それから数ヶ月後、容態が急変し、祖母は帰らぬ人となった。両親が共稼ぎだったため、小さい頃から祖母に可愛がられて育った私は、今でもそばを食べるたびに、あのやさしい笑顔が思い出される。

問 11　吃刺身

問　答

(1) 他去中国做什么？　　　　　　　　　　　　　　（彼は中国に何をしに行きましたか。）
 ⓐ 进修。Jìnxiū.　　　　　　　　　　　　　　　　　　　　　（研修する。）
 ⓑ 做翻译。Zuò fānyì.　　　　　　　　　　　　　　　　　（通訳をする。）
 ⓒ 做买卖。Zuò mǎimai.　　　　　　　　　　　　　　　　（商売をする。）
 ❶ 谈合资企业项目。Tán hézī qǐyè xiàngmù.　　（合弁企業のプロジェクトを話し合う。）

(2) 他听说中国人最不喜欢吃什么？
　　　　　　　　　　　　　（中国人はどんな食べ物を最も嫌うと彼は聞いていましたか。）
 ⓐ 炒菜。Chǎocài.　　　　　　　　　　　　　　　　　　　（炒め物。）
 ⓑ 荤菜。Hūncài.　　　　　　　　　　　　　　　　　　　　（肉料理。）
 ⓒ 素食。Sùshí.　　　　　　　　　　　　　　　　　　　　　（精進料理。）
 ❶ 生菜和凉饭。Shēngcài hé liángfàn.　　　　　　　（生野菜と冷めたご飯。）

(3) 刺身中什么鱼特别贵，非常好吃？（刺身の中で特に高くて、おいしい魚とは何ですか。）
 ⓐ 带鱼。Dàiyú.　　　　　　　　　　　　　　　　　　　　（タチウオ。）
 ❶ 金枪鱼。Jīnqiāngyú.　　　　　　　　　　　　　　　　（マグロ。）
 ⓒ 沙丁鱼。Shādīngyú.　　　　　　　　　　　　　　　　（イワシ。）
 ⓓ 大马哈鱼。Dàmǎhǎyú.　　　　　　　　　　　　　　　（サーモン。）

(4) 听了他的幽默话后，大家怎么样了？
　　　　　　　　　　　　　　　　（彼のジョークに、皆はどういう反応をしましたか。）
 ⓐ 大家很生气。Dàjiā hěn shēngqì.　　　　　　　　　（皆が怒った。）
 ⓑ 气氛很尴尬。Qìfēn hěn gāngà.　　　　　　　　　　（気まずくなった。）
 ⓒ 没有什么反应。Méiyou shénme fǎnyìng.　　　　（反応がなかった。）
 ❶ 逗得哈哈地大笑起来。Dòude hāhā de dàxiàoqǐlai.　（大爆笑した。）

(5) 中国朋友说日本人是世界上最喜欢什么的人？
　　　　　　　　　　　　　（中国の友人は日本人のことを世界一何が好きだと言いましたか。）
 ❶ 吃海鲜。Chī hǎixiān.　　　　　　　　　　　　　　　　（魚介を食べる。）
 ⓑ 开汽车。Kāi qìchē.　　　　　　　　　　　　　　　　　（車を運転する。）
 ⓒ 买名牌儿。Mǎi míngpáir.　　　　　　　　　　　　　（ブランド品を買う。）
 ⓓ 做体育运动。Zuò tǐyù yùndòng.　　　　　　　　　（スポーツをする。）

本文訳例

　日本企業の代表として合弁企業についての話し合いを初めて中国で行うことになり、現地の役人と企業家から歓迎の宴に招かれた。その際に驚かされたのは、宴席で新鮮なサーモンの刺身を皆がおいしそうに頰張ることだった。
　中国に来る前、中国人は水ならいったん沸騰させたのを、お茶なら熱いのを、料理なら火を通したのを口にし、生ものや冷たいご飯は避けると聞かされていた。その日の出席者は日本に行ったことがない中国人ばかりなのに、どうして日本人のように生ものを好むのだろう？　隣の席の中国人に「中国の方は炒めた物を好むと聞いていますが、刺身は慣れているのですか」と聞くと、「食べる前は抵抗ありましたが、食べた途端に好きになりました。日本ではいろいろな種類の魚を刺身で食べるそうですね。とりわけマグロが高くておいしいんでしょう？」。そう問われ、私は「そう言えるでしょう。しかしご臨席の皆さんはたとえお金持ちになっても、毎日マグロばかり召し上がらないでください。日本人の食べる分がなくなってしまいますから」と冗談を言って、皆の笑いを誘った。すると、向かいの席の一人が杯を挙げ、「世界一魚好きの日本人に乾杯！」と酒をすすめてくれたので、私も立ち上がって返した。「日中双方の海の平和維持に乾杯！」。

問 12　拝神社

問　答

(1) 她和全家看什么电视节目？　　（彼女は家族とどんなテレビ番組を見ましたか。）
- ⓐ 猜谜节目。Cāimí jiémù. （クイズ番組。）
- ❶ 红白歌战。Hóngbái gēzhàn. （紅白歌合戦。）
- ⓒ 烹调节目。Pēngtiáo jiémù. （料理番組。）
- ⓓ 新闻节目。Xīnwén jiémù. （ニュース番組。）

(2) 大年夜她们去哪儿了？　　（大晦日の夜、彼女たちはどこに行きましたか。）
- ⓐ 吃年饭。Chī niánfàn. （年越しの料理を食べる。）
- ⓑ 开宴会。Kāi yànhuì. （宴会をする。）
- ⓒ 买彩票。Mǎi cǎipiào. （宝くじを買う。）
- ❹ 参拜神社。Cānbài shénshè. （神社に参る。）

(3) 家里什么时候被人偷盗了？　　（空き巣に入られたのはいつですか。）
- ⓐ 刚搬家时。Gāng bānjiā shí. （引っ越してきたばかりの頃。）
- ⓑ 夜里睡觉时。Yèli shuìjiào shí. （夜中就寝中に。）
- ⓒ 出去买东西时。Chūqu mǎi dōngxi shí. （買い物に出かけた時。）
- ❹ 全家外出旅行时。Quánjiā wàichū lǚxíng shí. （家族全員で旅行をした時。）

(4) 祈祷时她祝愿妈妈什么了？　　（神社で彼女は母のために何を祈りましたか。）
- ⓐ 成大款。Chéng dàkuǎn. （お金持ちになる。）
- ⓑ 健康长寿。Jiànkāng chángshòu. （健康で長生きする。）
- ❸ 找到好工作。Zhǎodào hǎo gōngzuò. （いい仕事がみつかる。）
- ⓓ 考上理想的大学。Kǎoshàng lǐxiǎng de dàxué. （志望大学に受かる。）

(5) 她平时常去神社吗？　　（彼女は普段よく神社に行きますか。）
- ❶ 不常去。Bù cháng qù. （めったに行かない。）
- ⓑ 经常去。Jīngcháng qù. （しょっちゅう行く。）
- ⓒ 第一次去。Dìyī cì qù. （初めて行く。）
- ⓓ 从来没去过。Cónglái méi qùguo. （これまで行ったことがない。）

本文訳例

　大晦日の夜、家族全員で紅白歌合戦を見た。父と弟は白組を、私と母は赤組を応援したが、結局実力に勝る白組の勝利に終わった。その後も見たい番組がいろいろあり、例年なら暖かいコタツに入って明け方まで過ごすところだったが、今年は違った。除夜の鐘が聞こえてくると、暖かい格好をして家族全員で初詣に行くことにしたのだ。
　この一年間、我が家は不幸続きだった。父は大病を患い、母はリストラされ、弟は大学受験に失敗。さらに追い討ちをかけるように、三連休に家族で旅行した時、空き巣に入られるなど、散々だった。粉雪が舞う中、神社の門をくぐると、本堂の前にすでに黒山の人だかりができていた。すぐに列に加わり、待つこと三十分、ようやく自分の番になり、私は手を合わせて祈った。「父さんが健康で、母さんにいい仕事が見つかり、弟が志望大学に受かり、私が宝くじで億万長者になれますように」。
　しかし、祈願はしょせん祈願であって、当てにはできない。というのも、私のように普段から信仰もせず、困ったときだけ神頼みをするような人間に、御利益などあるはずがないのだ。神様こんな私をどうかお許しください！

問13　忘年会

問　答

(1) 一到年底，大街小巷到处都可以看到什么？
（年末になると、街のいたる所に見られるものとは何ですか。）
ⓐ 庙会和西瓜。Miàohuì hé xīguā. （祭りとすいか。）
ⓑ 红叶和运动会。Hóngyè hé yùndònghuì. （紅葉と運動会。）
ⓒ 樱花和开学典礼。Yīnghuā hé kāixué diǎnlǐ. （桜と入学式。）
ⓓ 圣诞树和圣诞老人。Shèngdànshù hé shèngdàn lǎorén.
（クリスマスツリーとサンタクロース。）

(2) 年底时，他和朋友们准备做什么？（年末に、彼は友人たちと何をする予定ですか。）
ⓐ 写贺年卡。Xiě hèniánkǎ. （年賀状を書く。）
ⓑ 举办忘年会。Jǔbàn wàngniánhuì. （忘年会をする。）
ⓒ 庆祝圣诞节。Qìngzhù Shèngdànjié. （クリスマスを祝う。）
ⓓ 买月饼和粽子。Mǎi yuèbing hé zòngzi. （月餅とちまきを買う。）

(3) 忘年会上要把什么忘记？ （忘年会は何を忘れるものですか。）
ⓐ 明天的日程。Míngtiān de rìchéng. （明日の予定。）
ⓑ 朋友的网址。Péngyou de wǎngzhǐ. （友人のメールアドレス。）
ⓒ 围巾和手套。Wéijīn hé shǒutào. （マフラーと手袋。）
ⓓ 不愉快的事儿。Bù yúkuài de shìr. （不愉快な事。）

(4) 一年中，中国什么节日最热闹？
（一年を通して、中国で一番にぎやかな祝日は何ですか。）
ⓐ 春节。Chūnjié. （春節＝旧暦の正月。）
ⓑ 端午节。Duānwǔjié. （端午の節句＝旧暦5月5日。）
ⓒ 国庆节。Guóqìngjié. （国慶節＝10月1日。）
ⓓ 中秋节。Zhōngqiūjié. （中秋節＝旧暦8月15日。）

(5) 每当春节快到时，人们喜欢做什么？（春節が近づくと、人々は好んで何をしますか。）
ⓐ 吃元宵。Chī yuánxiāo. （元宵を食べる。）
ⓑ 买年画。Mǎi niánhuà. （年画を買う。）
ⓒ 扭秧歌。Niǔ yāngge. （田植え踊りをする。）
ⓓ 欢聚一堂。Huānjù yìtáng. （一堂に楽しく集う。）

本文訳例

　年の瀬になり、光りきらめくクリスマスツリーや優しくほほ笑みかけてくるサンタクロースが町のあちこちに現れ、人々にクリスマスや新年が近いことを語りかけている。友人数人と忘年会を開くことになった私は、ちょうど中国から来ている友人を誘ってみた。彼はいぶかしげに、「何ですって、忘年会？　年を忘れる会ですって？」。「そうです。日本独特の風習なんです」と私が答えると、彼は冗談交じりに言った。「日本人は忘れることが好きなんですね。いやあ面白い」。「忘年会とは、人と交流することで今年一年を振り返り、面白くない事を忘れ、新しい年を新たな気持ちでやっていこうというものです」と私が説明すると、「それは参加しがいがありますね、友人の方とぜひ会わせてください」と彼は喜んだ。
　そして、中国の友人はこう話してくれた。中国も新年を祝うが、休みが短く、あまり活気がない。伝統的に、都市でも農村でも重きを置くのが旧暦の正月である春節。一年じゅうで最も盛大な祝日で、1週間程度休む。春節が近くなると、皆が集まって新年会を開き、飲んで食べて楽しくやる中で一年を振り返って、新しい年を迎える、と。

问 14　　练柔道

问　　答

(1) 她为什么从小练柔道？　　　　　　（彼女はなぜ幼い頃から柔道をしていたのですか。）
  ⓐ 体弱多病。Tǐ ruò duō bìng.　　　　　　　　（病弱だった。）
  ⓑ 对柔道感兴趣。Duì róudào gǎn xìngqù.　　　（柔道に興味があった。）
  ⓒ 父母强迫她练。Fùmǔ qiǎngpò tā liàn.　　　（両親から強制的にやらされた。）
  ⓓ 想参加奥运会。Xiǎng cānjiā Àoyùnhuì.　　　（オリンピックに出たい。）

(2) 青春期时为什么对柔道没兴趣了？（青春期に柔道への興味がなくなったのはなぜですか。）
  ⓐ 柔道练得不好。Róudào liànde bù hǎo.　　　（柔道がうまくならなかった。）
  ⓑ 训练太艰苦了。Xùnliàn tài jiānkǔ le.　　　（稽古が厳しすぎた。）
  ⓒ 和伙伴儿们合不来。Hé huǒbànrmen hébulái.　（仲間たちとうまくいかなかった。）
  ⓓ 热中于时装和恋爱。Rèzhōngyú shízhuāng hé liàn'ài.
　　　　　　　　　　　　　　　　　（ファッションや恋愛に夢中になった。）

(3) 她练习柔道一直坚持到什么时候？　　　（彼女は柔道をいつまで続けましたか。）
  ⓐ 上大学。Shàng dàxué.　　　　　　　　　　（大学入学まで。）
  ⓑ 大学毕业。Dàxué bìyè.　　　　　　　　　　（大学卒業まで。）
  ⓒ 腿骨折时。Tuǐ gǔzhé shí.　　　　　　　　　（足を骨折するまで。）
  ⓓ 日本选手拿到金牌。Rìběn xuǎnshǒu nádào jīnpái.（日本選手が金メダルを獲るまで。）

(4) 柔道使她学到了什么精神？　　（柔道によって彼女はどんな精神を学びましたか。）
  ⓐ 献身精神。Xiànshēn jīngshén.　　　　　　　（献身的な精神。）
  ⓑ 同甘共苦的精神。Tóng gān gòng kǔ de jīngshén.（苦楽を共にして一致協力する精神。）
  ⓒ 为人民服务的精神。Wèi rénmín fúwù de jīngshén.　（人民に奉仕する精神。）
  ⓓ 不服硬，不怕难的精神。Bù fú yìng, bú pà nán de jīngshén.（困難に負けない精神。）

(5) 柔道给了她什么本领？　　　　（柔道から彼女はどんな技能を得ましたか。）
  ⓐ 吵架。Chǎojià.　　　　　　　　　　　　　（口けんかをする。）
  ⓑ 打架。Dǎjià.　　　　　　　　　　　　　　（殴り合いのけんかをする。）
  ⓒ 疗伤。Liáoshāng.　　　　　　　　　　　　（けがを治療する。）
  ⓓ 防范自卫。Fángfàn zìwèi.　　　　　　　　（身を守る。）

本文訳例

　私は体が弱かったため、小さい頃から柔道を始めたが、粘り強く稽古を続けたお陰で、だんだんと丈夫な体になっていった。年頃になると、徐々におしゃれや恋愛に関心が移り、柔道に身が入らなくなってしまったが、そんな私を奮起させてくれたのは、実力ある日本の女子柔道選手たちだった。不屈の精神をもってオリンピックで金メダルを獲る彼女たちを見て、大いに励まされ、改めて気持ちが奮い立った。そして、高校大学と練習を欠かすことなく続け、足腰の捻挫や骨折を経験しながらも、苦楽を共にしてきた仲間たちから支えられ、何とか大学卒業までがんばり続けることができた。柔道を通じて困難に打ち克つ我慢強さを教えられ、それが就職した今でも大きな糧となっていることを強く感じる。
　さらにまた、柔道は身を守る術を私に与えてくれた。以前友人と電車に乗ったときのこと。痴漢に遭った彼女を助けようと、咄嗟に男の腕を捻りあげ、悲鳴を上げさせた。後日その事を母に話すと、母はぷっと吹き出して、「手加減しなきゃダメだよ。けがをさせたら、捕まるのはお前の方なんだよ」。

問 15　相撲

問　答

(1) 今天的日本相扑带有什么色彩？（今日の日本の相撲はどういう傾向を帯びていますか。）
- ⓐ 国粹色彩。Guócuì sècǎi. （国粋の色彩。）
- ⓑ 国际色彩。Guójì sècǎi. （国際的の色彩。）
- ⓒ 民主主义色彩。Mínzhǔ zhǔyì sècǎi. （民主主義的の色彩。）
- ⓓ 自由主义色彩。Zìyóu zhǔyì sècǎi. （自由主義的の色彩。）

(2) 他觉得外国出身的相扑怎么样？（彼は外国人力士にどういう思いを抱いていますか。）
- ⓐ 不怎么样。Bù zěnmeyàng. （大したことはない。）
- ⓑ 令人佩服。Lìng rén pèifu. （感心している。）
- ⓒ 令人羡慕。Lìng rén xiànmù. （うらやましく思っている。）
- ⓓ 让人看不起。Ràng rén kànbuqǐ. （軽蔑している。）

(3) 从外国来日本的相扑除了摔跤还学会了什么？
（日本に来る外国人力士は、相撲以外に何を習得しますか。）
- ⓐ 茶道。Chádào. （茶道。）
- ⓑ 语言。Yǔyán. （言葉。）
- ⓒ 歌舞伎。Gēwǔjì. （歌舞伎。）
- ⓓ 风俗习惯。Fēngsú xíguàn. （風俗習慣。）

(4) 一些相扑迷觉得外国出身的相扑取胜多是因为什么？
（外国人力士が多く白星をあげるのは何が原因だと一部の相撲ファンは思っていますか。）
- ⓐ 饭量大。Fànliàng dà. （食べる量が多い。）
- ⓑ 身高体壮。Shēn gāo tǐ zhuàng. （体が大きい。）
- ⓒ 很熟悉日本社会。Hěn shúxī Rìběn shèhuì. （日本の社会に大変詳しい。）
- ⓓ 掌握了高难度的技巧。Zhǎngwò le gāo nándù de jìqiǎo.
（高度な相撲技術を身に付けている。）

(5) 他希望日本的相扑选手怎么样？
（彼は日本の力士がどのようであることを望んでいますか。）
- ⓐ 受相扑迷的欢迎。Shòu xiāngpū mí de huānyíng. （相撲ファンから愛される。）
- ⓑ 熟悉日本的风俗习惯。Shúxī Rìběn de fēngsú xíguàn. （日本の風習に詳しい。）
- ⓒ 能够忍耐住艰苦的训练。Nénggòu rěnnàizhù jiānkǔ de xùnliàn.
（厳しい稽古に耐え抜くことができる。）
- ⓓ 不要屈服于身高体大的外国选手。Búyào qūfúyú shēn gāo tǐ dà de wàiguó xuǎnshǒu.
（体の大きな外国人力士に負けない。）

本文訳例

　今日の日本の角界は、日本人力士は別にして、外国人力士の数が増加の一途をたどっている。柔道ほどの国際競技ではないにしろ、相撲はいまや国際色豊かなスポーツなのである。
　それにしても、外国人力士には頭が下がる。彼らは日本の文化、言葉、社会に疎いままに来日するが、それでもやがて高度な相撲技術を身に付けるばかりか、言葉を習得し、厳しい規律と稽古の相撲社会に適合していく。さらには母国とは風習が似ても似つかない社会に溶け込んでいくのだ。しかしながら、日本の相撲ファンの中にはあまり快く思わない人がいるのもまた事実である。しょせんは外国人であることと、体格面で日本人力士より断然優位であると思われているのである。
　茶道にせよ、歌舞伎にせよ、真の伝統文化とは、外部からの刺激によって、時代につれて生まれ変わり、発展してきたのであって、それは相撲といえども例外ではない。だからこそ、外国人力士たちの迫力ある大相撲に大きな拍手を送りたいと私は思う。もちろん、相撲が日本の伝統的な国技である以上、体格的に勝る外国人力士に日本人力士が屈することなく、小よく大を制してほしい。真の「大物力士」の誕生を期待している。

問 16 甲子园

問　答

(1) 什么比赛快要开始了？　　　　　　　　　　（もうすぐ始まる試合は何ですか。）
- ⓐ 棒球世界杯赛。Bàngqiú shìjièbēi sài.　　　　（野球のワールドカップ。）
- ⓑ 专业棒球比赛。Zhuānyè bàngqiú bǐsài.　　　（プロ野球の試合。）
- ❸ 全国高中棒球比赛。Quánguó gāozhōng bàngqiú bǐsài.（全国高校野球大会。）
- ⓓ 全国业余棒球比赛。Quánguó yèyú bàngqiú bǐsài.（全国アマチュア野球大会。）

(2) 她对棒球赛的哪方面不熟悉？　　　　　（彼女は野球の試合のどういう面に疎いですか。）
- ❶ 棒球赛规则。Bàngqiú sài guīzé.　　　　　（野球の試合のルール。）
- ⓑ 棒球选手的名字。Bàngqiú xuǎnshǒu de míngzi.（野球選手の名前。）
- ⓒ 高中棒球赛的历史。Gāozhōng bàngqiú sài de lìshǐ.（高校野球の歴史。）
- ⓓ 每个运动队的实力。Měige yùndòng duì de shílì.（各チームの実力。）

(3) 日本对高中棒球赛的报道怎么样？　　　（高校野球に対する日本の報道はどうですか。）
- ⓐ 冷淡。Lěngdàn.　　　　　　　　　　　　（冷ややかである。）
- ❷ 热烈。Rèliè.　　　　　　　　　　　　　（過熱している。）
- ⓒ 几乎不提。Jīhū bù tí.　　　　　　　　　（ほとんど触れない。）
- ⓓ 批判的态度。Pīpàn de tàidu.　　　　　　（批判的である。）

(4) 美国留学生对什么问题不理解？　（アメリカ人留学生が疑問に思っていることとは何ですか。）
- ❶ 日本人对高中棒球赛的热情。Rìběnrén duì gāozhōng bàngqiú sài de rèqíng.
　　　　　　　　　　　　　　（高校野球に対する日本人の情熱。）
- ⓑ 高中棒球的选手有学习时间吗？ Gāozhōng bàngqiú de xuǎnshǒu yǒu xuéxí shíjiān ma?
　　　　　　　　　　　　　　（高校野球の選手は勉強する時間があるのか。）
- ⓒ 高中棒球赛的水平为什么这么高？
　　　　　　　　　Gāozhōng bàngqiú sài de shuǐpíng wèishénme zhème gāo?
　　　　　　　　　　　　　　（高校野球はどうしてこれほどレベルが高いのか。）
- ⓓ 高中棒球赛为什么在炎热的夏天举行？
　　　　　　　　　Gāozhōng bàngqiú sài wèishénme zài yánrè de xiàtiān jǔxíng?
　　　　　　　　　　　　　　（高校野球の大会はなぜ暑い夏に行われるのか。）

(5) 日本的全国高中棒球赛举办了多长时间了？
　　　　　　　　　　　　（日本の全国高校野球大会が始まってどのくらいになりますか。）
- ⓐ 半个世纪。Bàn ge shìjì.　　　　　　　　（半世紀。）
- ⓑ 五、六十年。Wǔ, liùshí nián.　　　　　（5、60年。）
- ❸ 近一个世纪。Jìn yí ge shìjì.　　　　　　（1世紀近く。）
- ⓓ 一百多年了。Yìbǎi duō nián le.　　　　（百年あまり。）

本文訳例

　まもなく高校野球の全国大会が始まる。野球のルールには疎い私でさえ、郷里の代表校が出場する時は、テレビの前で思わず応援に力が入ってしまう。
　日本に来て間もないアメリカ人留学生が首をかしげながら、私に質問してきた。「アマチュア野球の選手がなぜこれほどまでに注目されるの？　新聞を開けば大々的に報じているし、国営のテレビ局は朝から晩まで中継していて、全国どこに行っても高校野球の話題でもちきりじゃないですか」。「アメリカは違うの？」と私が逆に尋ねると、「野球を国技と讃えているけれども、日本のように熱狂的ではありません。一体全体どういうことなの」。
　本当のところ、私にも甲子園に対する日本人の思いをどう説明してよいのかわからない。さて、それは郷土愛からだろうか。それとも野球を愛する若者のひたむきな姿に惹かれるからだろうか。いずれにせよ、一世紀近くも続いている高校野球がなぜ魅力的なのかは、おそらく人によって見解が異なるであろう。そう簡単には語り尽くせそうにない。

問 17　卡拉OK

問　答

(1) 现在中国大城市什么样的卡拉OK厅多了？
　　　　　　　　（現在、中国の大都市にはどのようなカラオケ店が増えてきましたか。）
　ⓐ 卡拉OK包厢。Kǎlā'ōukèi bāoxiāng. （カラオケボックス。）
　ⓑ 在野外的。Zài yěwài de. （野外の。）
　ⓒ 日本歌曲齐全的。Rìběn gēqǔ qíquán de. （日本の曲が揃っている店。）
　ⓓ 有高级陪客小姐的大厅。Yǒu gāojí péikè xiǎojie de dàtīng.
　　　　　　　　　　　　　　　　　　　　　　　　（高級ホステスが付くホール。）

(2) 他用哪种语言唱邓丽君的歌？　（彼は何語でテレサ・テンの歌を歌いますか。）
　ⓐ 韩语。Hányǔ. （韓国語。）
　ⓑ 日文。Rìwén. （日本語。）
　ⓒ 英语。Yīngyǔ. （英語。）
　ⓓ 中文。Zhōngwén. （中国語。）

(3) 他唱卡拉OK时，为什么不在乎发音不准？
　　　　　　　　（彼はカラオケの時、発音が正確でないのをなぜ気にしないのですか。）
　ⓐ 汉语的声调太难了。Hànyǔ de shēngdiào tài nán le. （中国語の声調が難しすぎる。）
　ⓑ 唱歌时不用在乎声调。Chànggē shí búyòng zàihu shēngdiào.
　　　　　　　　　　　　　　　　　　　（歌のときは声調を気にしなくていい。）
　ⓒ 反正是国外，没人认识。Fǎnzhèng shì guówài, méi rén rènshi.
　　　　　　　　　　　　　　　　（いずれにせよ外国なので、知っている人がいない。）
　ⓓ 反正五音不全，得不到奖。Fǎnzhèng wǔyīn bù quán, débudào jiǎng.
　　　　　　　　　　　　　　　　（いずれにせよ音痴なので、入賞できない。）

(4) 歌厅里的人为什么夸他是台湾通？
　　　　　　　（カラオケを共に楽しむ人はなぜ彼のことを台湾通とほめるのですか。）
　ⓐ 能讲台湾话。Néng jiǎng Táiwānhuà. （台湾語がしゃべれる。）
　ⓑ 能用中文唱歌。Néng yòng Zhōngwén chànggē. （中国語で歌を歌える。）
　ⓒ 会唱邓丽君的歌。Huì chàng Dèng Lìjūn de gē. （テレサ・テンの歌を歌える。）
　ⓓ 爱点台湾的流行歌曲。Ài diǎn Táiwān de liúxíng gēqǔ.
　　　　　　　　　　　　　　　　　　（台湾の流行曲をよくオーダーする。）

(5) 他为什么常去歌厅？　（彼はなぜカラオケによく行くのですか。）
　ⓐ 没事儿干。Méi shìr gàn. （仕事が暇である。）
　ⓑ 喜欢唱歌。Xǐhuan chànggē. （歌を歌うのが趣味。）
　ⓒ 想交朋友学汉语。Xiǎng jiāo péngyou xué Hànyǔ. （友人と交わって中国語を学びたい。）
　ⓓ 想多学点儿中国歌。Xiǎng duō xué diǎnr Zhōngguó gē.
　　　　　　　　　　　　　　　　　（中国の歌をなるべくマスターしたい。）

本文訳例

　以前であれば、中国でカラオケというと、高級ホステスが付くような所を連想しがちだったが、ここ数年、ホステスなしで、歌唱を楽しむことを主な目的としたカラオケボックスが、北京、上海、広州などの大都市を中心に増えてきた。一昨年から仕事の関係で上海に常駐している私も暇がある時に利用して、たまったストレスを発散している。中国の同僚と行く時に決まって歌うのが、「台湾の歌姫」と称されるテレサ・テンの歌。日本でも有名な『つぐない』や『時の流れに身をまかせ』などを中国語バージョンで歌う。40代以上の中国人は知っている人が多く、場が盛り上がるからだ。一度マイクを握れば、歌が下手だろうが、発音が悪かろうが、そんなことは気にせず、図々しくやる。いずれにせよ私にとってここは海外、恥をかくならかけと開き直って。
　また、中国の若い人たちと楽しむ時には、人気の高い台湾ポップスを歌うことにしている。「新しい歌をよく知っていますね、台湾通ですねえ」と感心される。本当のところ、私自身カラオケはあまり好きではない。それでも足繁く通うのは、歌を通じてより多くの中国人と親しくなり、中国語を覚えたいからだ。もちろん、それなりの授業料を払って。

問 18　动漫迷

問　答

(1) 他住进饭店时，电视在播什么？
　　　　　　　　　　　　　（彼がホテルに入った時、テレビで何を放送していましたか。）
　ⓐ 日本的电视剧。Rìběn de diànshìjù.　　　　　　　　　（日本のドラマ。）
　❶ 日本的动画片儿。Rìběn de dònghuàpiānr.　　　　　　（日本のアニメ。）
　ⓒ 中国的电视剧。Zhōngguó de diànshìjù.　　　　　　　（中国のドラマ。）
　ⓓ 中国的动画片儿。Zhōngguó de dònghuàpiānr.　　　　（中国のアニメ。）

(2) 他的中国朋友的孩子是几年级学生？　　（彼の中国の友人の子供は何年生でしたか。）
　ⓐ 还没上学。Hái méi shàngxué.　　　　　　（まだ学校に上がっていない。）
　ⓑ 初中一年级。Chūzhōng yī niánjí.　　　　　（中学1年生。）
　ⓒ 小学四年级。Xiǎoxué sì niánjí.　　　　　　（小学4年生。）
　❶ 小学六年级。Xiǎoxué liù niánjí.　　　　　　（小学6年生。）

(3) 朋友的孩子是怎么评价日本的动画片儿的？
　　　　　　　　　　　　　（友人の子供は日本のアニメをどのように評価しましたか。）
　ⓐ 对白好懂。Duìbái hǎo dǒng.　　　　　　　　　（セリフがわかりやすい。）
　ⓑ 内容新颖。Nèiróng xīnyǐng.　　　　　　　　　（内容が斬新。）
　ⓒ 颜色漂亮。Yánsè piàoliang.　　　　　　　　　（色がきれい。）
　❶ 人物形象生动。Rénwù xíngxiàng shēngdòng.　（キャラクターが生き生きしている。）

(4) 妈妈喜欢让孩子看日本动画片儿吗？
　　　　　　　　　　　　　（お母さんは子供が日本のアニメを見るのを好ましく思っていますか。）
　ⓐ 随便。Suíbiàn.　　　　　　　　　　　　　　（どちらでも構わない。）
　ⓑ 喜欢。Xǐhuan.　　　　　　　　　　　　　　（好ましく思っている。）
　❶ 不喜欢。Bù xǐhuan.　　　　　　　　　　　　（好ましく思っていない。）
　ⓓ 不知道孩子在看。Bù zhīdao háizi zài kàn.　（子供が見ているのを知らない。）

(5) 孩子妈妈想让孩子做什么？　　　　　　（お母さんは子供に何をさせたいですか。）
　❶ 写作业。Xiě zuòyè.　　　　　　　　　　　　（宿題をする。）
　ⓑ 做家务。Zuò jiāwù.　　　　　　　　　　　　（家事をする。）
　ⓒ 出去玩儿。Chūqu wánr.　　　　　　　　　　（遊びに出かける。）
　ⓓ 打工挣钱。Dǎgōng zhèngqián.　　　　　　　（アルバイトでかせぐ。）

本文訳例

　今春、中国を旅行した際、ホテルの部屋でテレビをつけると、日本のアニメ『名探偵コナン』を放送していた。絵がきれいで、わかりやすい中国語でもあったので、あまり中国語のできない私でさえ、かなり理解できた。
　旅行中、中国人の友人から自宅に招かれた際、中国の子供も日本のアニメが大好きであることを知った。友人の子は12歳の小学校6年生で、中学受験に向けて勉強が一番忙しい時期であるのに、『コナン』を1回も見逃していないという。同級生も日本のアニメファンで、キャラクターが生き生きしていて、ストーリー展開が想像力をかきたてる所がいいそうである。『ドラゴンボール』『ドラえもん』『クレヨンしんちゃん』なども彼は見ていて、あらすじをスラスラ言えるほどだったが、お母さんは決してよく思っていなく、『コナン』が始まると、「こんな子供に悪いのを見てないで、さっさと宿題をしなさい」。すると負けずに、「アニメも芸術なんだよ。見ていないのに、どうしてそんなこと言えるのさ？　宿題は後でやるから」。
　私自身、子供の頃アニメが好きで、親に叱られるのを覚悟の上で見ていた。ただし、宿題を忘ないで後からするということはなく、出せなくて立たされてばかりいたが。

問 19　拉面

問　答

(1) 中国的大街上哪种日餐店最显眼？
　　　　　　　　　　（中国の街ではどういう和食の店が一番目立っていますか。）
- ❶ 拉面。Lāmiàn. 　　　　　　　　　　　　　　　　　　（ラーメン。）
- ⓑ 比萨饼。Bǐsàbǐng. 　　　　　　　　　　　　　　　　（ピザ。）
- ⓒ 牛肉盖饭。Niúròu gàifàn. 　　　　　　　　　　　　（牛丼。）
- ⓓ 旋转式寿司。Xuánzhuǎnshì shòusī. 　　　　　　　（回転寿司。）

(2) 拉面馆儿里多大年纪的食客多？（ラーメン屋のお客はどのくらいの年齢層が多いですか。）
- ⓐ 孩子。Háizi. 　　　　　　　　　　　　　　　　　　（子供。）
- ⓑ 老年人。Lǎoniánrén. 　　　　　　　　　　　　　　（年配者。）
- ❶ 年轻人。Niánqīngrén. 　　　　　　　　　　　　　　（若い人。）
- ⓓ 中年妇女。Zhōngnián fùnǚ. 　　　　　　　　　　（中年女性。）

(3) 中国的拉面和日本的哪儿不一样？
　　　　　　　　　　（中国のラーメンは日本のとどういう点が異なりますか。）
- ⓐ 量少。Liàng shǎo. 　　　　　　　　　　　　　　　（量が少ない。）
- ❶ 菜码多。Càimǎ duō. 　　　　　　　　　　　　　　（乗せる具が多い。）
- ⓒ 太咸了。Tài xián le. 　　　　　　　　　　　　　　（あまりに塩辛い。）
- ⓓ 以面为主。Yǐ miàn wéizhǔ. 　　　　　　　　　　（麺を主にしている。）

(4) 小王觉得什么味儿的拉面最上瘾？
　　　　　　　（王さんは何味のラーメンが一番病み付きになると思っていますか。）
- ⓐ 酱味儿的。Jiàngwèir de. 　　　　　　　　　　　　（みそ味。）
- ⓑ 咸味儿的。Xiánwèir de. 　　　　　　　　　　　　（塩味。）
- ⓒ 酱油味儿的。Jiàngyóu wèir de. 　　　　　　　　（しょうゆ味。）
- ❶ 肉骨头汤面。Ròugǔtou tāngmiàn. 　　　　　　　（とんこつラーメン。）

(5) "民以食为天"是什么意思？　　（「民以食為天」とは、どういう意味ですか。）
- ⓐ 老百姓喜欢食品。Lǎobǎixìng xǐhuan shípǐn.　　（庶民は食べ物を好む。）
- ⓑ 老百姓喜欢天堂。Lǎobǎixìng xǐhuan tiāntáng.　（庶民は天国を好む。）
- ❶ 老百姓谁都得吃饭。Lǎobǎixìng shéi dōu děi chīfàn.
　　　　　　　　　　　　　　　　（庶民は誰もが食べなければならない。）
- ⓓ 老百姓能吃上饭，应该感谢老天爷。
　　　　Lǎobǎixìng néng chīshàng fàn, yīnggāi gǎnxiè lǎotiānyé.
　　　（庶民は食べられることを、神様に感謝しなければならない。）

本文訳例

　中国の街を歩いていると、回転寿司、牛丼などの和食の看板を最近よく見かける。中でも目立つのが日本のラーメン店で、暖簾が掛かり、富士山や京都の舞妓さんの絵が壁に描かれている。その多くが日本人の経営者によるチェーン店で、どの店も客足が絶えず、特に若い人でにぎわっている。
　私も何度か利用したことがあるが、味付けは日本で食べるのと変わらない。ところが、添えられた具は日本よりずっと盛りがよく、中国人向けになっている。常に行動を共にする自称グルメの王さんは、日本のラーメンはコシがあっておいしいと評し、「しょうゆラーメンはあっさりしていて、みそラーメンは少ししょっぱい。一番癖になるのがとんこつラーメン」と言っている。さらに、「中国人にとっては具が主で、麺は二の次。日本人はその逆で、麺が主で、具は二の次ですね」。
　考えてみれば、日本のラーメンは実に面白い食べ物だ。作り方も食感も独特だが、ルーツをさかのぼると、中国の山西あたりに行き着く。今日中国の街にあるラーメンは、日本で磨かれ、その後故郷に錦を飾っているのだ。中国には「民は食を以って天と為す」の諺があるが、食文化が日中の庶民の懸け橋となっていると言っても過言ではないだろう。

問20　工作狂

問　答

(1) 电视报道日本人平均一年劳动多长时间？
　　　　　　　（日本人の年間労働時間は平均どのくらいだとテレビで報道していますか。）
- ⓐ 约2060个小时。Yuē liǎngqiānlíngliùshí ge xiǎoshí.　　　（約2,060時間。）
- ❺ 约2600个小时。Yuē liǎngqiānliùbǎi ge xiǎoshí.　　　（約2,600時間。）
- ⓒ 约6020个小时。Yuē liùqiānlíng'èrshí ge xiǎoshí.　　　（約6,020時間。）
- ⓓ 约6200个小时。Yuē liùqiān'èrbǎi ge xiǎoshí.　　　（約6,200時間。）

(2) 如果不加班，在日本会被怎么看待？
　　　　　　　（残業しない場合、日本ではどのように見られますか。）
- ⓐ 身体不好。Shēntǐ bù hǎo.　　　（体調が悪い。）
- ❺ 工作不认真。Gōngzuò bú rènzhēn.　　　（仕事が不真面目である。）
- ⓒ 不听上司的话。Bù tīng shàngsi de huà.　　　（上司に反抗的である。）
- ⓓ 喜欢和家人团聚。Xǐhuan hé jiārén tuánjù.　　　（家族との団らんが好きである。）

(3) 许多外国人赞美日本人什么？　（多くの外国人は日本人を何と言って称えていますか。）
- ❶ 勤奋。Qínfèn.　　　（勤勉である。）
- ⓑ 会赚钱。Huì zhuànqián.　　　（金儲けがうまい。）
- ⓒ 喜欢生活。Xǐhuan shēnghuó.　　　（生活を楽しんでいる。）
- ⓓ 热爱自己的家庭。Rè'ài zìjǐ de jiātíng.　　　（家庭を大切にしている。）

(4) 她丈夫星期天在家干什么？　　（彼女の夫は日曜日に家で何をしていますか。）
- ⓐ 给孩子做饭。Gěi háizi zuòfàn.　　　（子供のご飯を作る。）
- ⓑ 看着孩子学习。Kànzhe háizi xuéxí.　　　（子供の勉強を見る。）
- ⓒ 陪孩子玩儿。Péi háizi wánr.　　　（子供の遊び相手になる。）
- ❹ 看电视、睡觉。Kàn diànshì, shuìjiào.　　　（テレビ、睡眠。）

(5) 她为什么认为丈夫拼命工作没有意义？
　　　　　　　（彼女は夫が仕事に励むことになぜ意味がないと考えているのですか。）
- ⓐ 丈夫地位不高。Zhàngfu dìwèi bù gāo.　　　（夫の地位が低い。）
- ⓑ 丈夫加班费很低。Zhàngfu jiābānfèi hěn dī.　　　（夫の残業手当が低い。）
- ⓒ 丈夫把身体搞坏了。Zhàngfu bǎ shēntǐ gǎohuài le.　　　（夫が体をこわしている。）
- ❹ 丈夫很少和家人在一起。Zhàngfu hěnshǎo hé jiārén zài yìqǐ.
　　　　　　　（夫が家族と一緒に過ごすことがめったにない。）

本文訳例

　先日、最新の「労働力調査」をテレビで報じていた。それによると、日本人の年間労働時間は、約350時間の平均的なサービス残業時間を含め、実に2600時間以上にも及び、これは独、仏の労働者より年に4ヶ月以上も長く働いていたことになるそうである。
　このニュースに、私が「日本人の残業は何でこんなに多いの？」と嘆くと、夫も溜息をつきながら、「日本では、残業しない人は仕事熱心でないかのように職場では捉えられてしまうし、休日にしても、大した用事はないのに、上司が休まないから、下の者は顔だけ職場に出さなければならなくなるんだ」。
　海外旅行をすると、多くの外国人から日本人は勤勉で仕事好き、勤勉が日本人の天性だと賞賛される。日本人は朝から晩まで仕事に励んでいるが、これでいいのだろうかと疑問を感じてしまう。わが家が典型的な例で、夫は朝7時に出勤、夜の11時に帰宅。せっかくの日曜日も疲れて外出せず、テレビか昼寝で一日が終る。だから子供といるのは稀だ。家族のために働きながら、家族と過ごす時間はない。これで何の意味があるのだろう。

問21　点头哈腰

問　答

(1) 他的这个中国朋友给人打电话时常做什么？
　　　　　　　　　　　　　　　（彼の中国人の友人は電話中によく何をしますか。）
- ⓐ 剪指甲。Jiǎn zhǐjia.　　　　　　　　　　　　　　　　（爪を切る。）
- ⓑ 掏耳朵。Tāo ěrduo.　　　　　　　　　　　　　　　　（耳掃除をする。）
- ⓒ 做笔记。Zuò bǐjì.　　　　　　　　　　　　　　　　　（メモをとる。）
- ❹ 点头哈腰。Diǎntóu hāyāo.　　　　　　　　　　（ぺこぺこお辞儀をする。）

(2) 这个中国朋友从事什么工作？（この中国人の友人はどんな仕事に従事していますか。）
- ⓐ 金融业。Jīnróng yè.　　　　　　　　　　　　　　　　（金融業。）
- ⓑ 旅游业。Lǚyóu yè.　　　　　　　　　　　　　　　　　（旅行業。）
- ⓒ 不动产业。Búdòngchǎn yè.　　　　　　　　　　　　（不動産業。）
- ❹ 服务行业。Fúwù hángyè.　　　　　　　　　　　　　（サービス業。）

(3) 同学会上大家开玩笑说他什么了？
　　　　　　　　　　　　　（同窓会で中国人の友人は皆からどうからかわれましたか。）
- ⓐ 怎么变得这么开朗？Zěnme biànde zhème kāilǎng？（なぜこんなに明るくなったの。）
- ❺ 怎么变得这么谦恭？Zěnme biànde zhème qiāngōng？（なぜこんなに謙虚になったの。）
- ⓒ 怎么变得这么衰老了？Zěnme biànde zhème shuāilǎo le？（なぜこんなに老けこんだの。）
- ⓓ 怎么变得这么年轻了？Zěnme biànde zhème niánqīng le？（なぜこんなに若返ったの。）

(4) 这个中国朋友感觉到日本是个什么样的民族？
　　　　　　　　　　　　　（中国人の友人は日本人がどういう民族だと感じていますか。）
- ⓐ 讲法律的民族。Jiǎng fǎlǜ de mínzú.　　　　　　（法律を重んじる民族。）
- ❺ 讲礼仪的民族。Jiǎng lǐyí de mínzú.　　　　　　（礼儀を重んじる民族。）
- ⓒ 讲面子的民族。Jiǎng miànzi de mínzú.　　　　（メンツを重んじる民族。）
- ⓓ 讲政治的民族。Jiǎng zhèngzhì de mínzú.　　　（政治を重んじる民族。）

(5) 中国婚礼上有一项不能缺少的礼仪，是以下的哪种？
　　　　　　　　　　　　　（中国の結婚式で欠かせない儀礼とは、次のどれですか。）
- ⓐ 亲吻。Qīnwěn.　　　　　　　　　　　　　　　　　　（キスをする。）
- ❺ 三拜。Sān bài.　　　　　　　　　　　　　　　　　　（三回の拝礼。）
- ⓒ 吃蛋糕。Chī dàngāo.　　　　　　　　　　　　　　　（ケーキを食べる。）
- ⓓ 穿白婚纱。Chuān bái hūnshā.　　　　　（白いウエディングドレスを着る。）

本文訳例

　中国人の友人が、最近ますます日本人に似てきたと言うので、「どういうこと？」と尋ねると、「電話のときも、相手の顔が見える訳がないのに、ついぺこぺこお辞儀をしてしまうんです」。そう言いながら、しきりにお辞儀の真似を繰り返す彼の姿に、私はおかしくて腹を抱えた。
　この友人は仕事がサービス業のため、お辞儀をする機会が極端に多い。「習慣というのは恐ろしいですね。いったん身についたら改められません」と前置きした上で、彼は例を挙げた。「帰省して同窓や友人に会った時、ぺこぺこしていたら、日本でいじめられているの、ずいぶん謙虚で礼儀正しくなったね、と同窓会で冷やかされました」。私が笑いをこらえきれずに「それは大変だったですね」と労うと、彼は真顔で答えた。「でも、日本人の礼儀正しさが伝わってきます。こうした環境の中で毎日を過ごすのは気持ちがいいものです。中国にも礼節は多くあるのですが、お辞儀ということになると、一生のうちでわずかに三回。天地に拝み、父母に拝み、新郎新婦同士で拝む婚礼の時だけなんです」。

問 22　国民性格

問　答

(1) 船长对日本人喊了什么话？　　　　（船長は日本人に対して何と叫びましたか。）
  ⓐ 船上规定都要跳进水里。Chuánshang guīdìng dōu yào tiàojìn shuǐli.
　　　　　　　　　　　　　　　　　　　（飛び込むのが、この船の規則ですよ。）
  ⓑ 谁跳进水里，谁就是英雄。Shéi tiàojìn shuǐli, shéi jiùshì yīngxióng.
　　　　　　　　　　　　　　　　　　　（飛び込んだ人は、英雄になれますよ。）
  ❸ 大家都跳了，你还等什么？Dàjiā dōu tiào le, nǐ hái děng shénme？
　　　　　　　　（皆さん飛び込んでいますよ、何をぐずぐずしているんですか。）
  ⓓ 谁跳进水里，女人就喜欢谁。Shéi tiàojìn shuǐli, nǚrén jiù xǐhuan shéi.
　　　　　　　　　　　　　　　　　　　（飛び込んだら、女性にもてますよ。）

(2) 日本人身上有一个什么样的弱点？　　（日本人にはどういう欠点がありますか。）
  ⓐ 不关心别人。Bù guānxīn biéren.　　　　　　　　　　　（他人に無関心。）
  ⓑ 以自己为中心。Yǐ zìjǐ wéi zhōngxīn.　　　　　　　　　　（自己中心的。）
  ❸ 自我主张少，随和周围多。Zìwǒ zhǔzhāng shǎo, suíhe zhōuwéi duō.
　　　　　　　　　　　　　　　　　（自己主張が弱く、周りと調子を合わせる。）
  ⓓ 自我主张多，和周围不随和。Zìwǒ zhǔzhāng duō, hé zhōuwéi bù suíhe.
　　　　　　　　　　　　　　　　　（自己主張が強く、周りと調子を合わせない。）

(3) 现在什么样的交往更为频繁？（現在ではどのような往来がより頻繁になっていますか。）
  ❸ 个人与个人。Gèrén yǔ gèrén.　　　　　　　　　　　　　（個人と個人。）
  ⓑ 国家与国家。Guójiā yǔ guójiā.　　　　　　　　　　　　（国家と国家。）
  ⓒ 集体与集体。Jítǐ yǔ jítǐ.　　　　　　　　　　　　　　　（集団と集団。）
  ⓓ 民族与民族。Mínzú yǔ mínzú.　　　　　　　　　　　　　（民族と民族。）

(4) 中国人比较善于什么？　　（中国人は比較的どういう部分に長けていますか。）
  ⓐ 有团队精神。Yǒu tuánduì jīngshén.　　　　　　　（チームワークがいい。）
  ❸ 表达和强调自我。Biǎodá hé qiángdiào zìwǒ.　（自分を表現し、強調する。）
  ⓒ 发挥各自的特长。Fāhuī gèzì de tècháng.　　（各々の能力を発揮する。）
  ⓓ 协调和周围的关系。Xiétiáo hé zhōuwéi de guānxi.　　（周りと仲良くする。）

(5) 他脑海中浮现了一个什么疑问？　　（彼はどんな疑問が頭に浮かびましたか。）
  ⓐ 船长的喊话有效果吗？Chuánzhǎng de hǎnhuà yǒu xiàoguǒ ma？
　　　　　　　　　　　　　　　　　　（船長の呼びかけは効果的だっただろうか。）
  ⓑ 我如果也在船上，会怎么做呢？Wǒ rúguǒ yě zài chuánshang, huì zěnme zuò ne？
　　　　　　　　　　　　　　　　（私が乗客の一人だったら、どうするだろうか。）
  ⓒ 日本人还应该学习中国人什么？Rìběnrén hái yīnggāi xuéxí Zhōngguórén shénme？
　　　　　　　　　　（日本人は他に中国人からどういう部分を学ぶべきだろうか。）
  ❹ 有中国乘客的话，船长该怎么喊话呢？
　　　　　　　　　　　Yǒu Zhōngguó chéngkè dehuà, chuánzhǎng gāi zěnme hǎnhuà ne？
　　　　　　　　　　（中国人の乗客がいたら、船長は何と呼びかけただろうか。）

本文訳例

　各国の国民性を表わす有名なジョークにこういうのがある。ある豪華客船が航海中、非常事態に見舞われた。船長はその際、各国の乗客たちに対して速やかに海に飛び込むよう指示した。アメリカ人には、「飛び込めば、英雄になれますよ！」。イタリア人には、「飛び込めば、女性にもてますよ！」。そして日本人には「皆さん飛び込んでいますよ、何をぐずぐずしているんですか！」。
　これはジョークに過ぎないが、自己主張が弱く、周りに惑わされやすいという日本人の欠点を突いている。良く言えば団結心が強いのだが、悪く言えば個性に欠けるのである。激しい競争においては、一対十より十対一の方が勝機を得やすいように団結心が重要であるのも確かなのだが、様々な分野で多元的な文化形態が生まれている今日では、一人一人が個性を発揮することがより求められている。日中間の国際交流を例にとれば、過去のそれが国対国であったのに対し、現在では個対個の頻度が高い。自己を表現し、強調することに長けている中国人から日本人は学ぶ点が多いのではないだろうか。
　ところで、ここで疑問が一つ。先のジョークに中国人客は登場しないが、もしいたら、船長は何と呼びかけただろう？

問 23　唐诗和学汉语

問　答

(1) 他在什么地方遇到了学汉语的启蒙老师？
　　　　　　（彼は中国語を学ぶきっかけを作ってくれた先生にどこで出会いましたか。）
　ⓐ 汉语课上。Hànyǔ kèshang.　　　　　　　　　　（中国語の授業で。）
　ⓑ 历史课上。Lìshǐ kèshang.　　　　　　　　　　（歴史の授業で。）
　❸ 古汉文课上。Gǔhànwén kèshang.　　　　　　　（漢文の授業で。）
　ⓓ 日本文学课上。Rìběn wénxué kèshang.　　　　（日本文学の授業で。）

(2) 在第一堂课上老师在黑板上写了什么？（最初の授業で先生は黒板に何を書きましたか。）
　ⓐ 一个故事。Yí ge gùshi.　　　　　　　　　　　（一篇の物語。）
　ⓑ 一句老话。Yí jù lǎohuà.　　　　　　　　　　　（一つの古い言葉。）
　ⓒ 一首宋词。Yì shǒu sòngcí.　　　　　　　　　　（一首の宋詞。）
　❹ 一首唐诗。Yì shǒu tángshī.　　　　　　　　　（一首の唐詩。）

(3) 老师是什么时候学的汉语？　　（先生はいつから中国語の勉強を始めましたか。）
　ⓐ 去年年初。Qùnián niánchū.　　　　　　　　　（昨年の初め。）
　❻ 上大学后。Shàng dàxué hòu.　　　　　　　　　（大学進学後。）
　ⓒ 当老师以后。Dāng lǎoshī yǐhòu.　　　　　　　（教員になった後。）
　ⓓ 刚上大学时。Gāng shàng dàxué shí.　　　　　（大学入学直後。）

(4) 他觉得汉语什么最难？　（彼は中国語のどういう点が最も難しいと思いましたか。）
　❶ 发音。Fāyīn.　　　　　　　　　　　　　　　　（発音。）
　ⓑ 会话。Huìhuà.　　　　　　　　　　　　　　　（会話。）
　ⓒ 写作。Xiězuò.　　　　　　　　　　　　　　　（作文。）
　ⓓ 语法。Yǔfǎ.　　　　　　　　　　　　　　　　（語法。）

(5) 老师赠送他什么了？　　　　　（先生から彼は何を贈られましたか。）
　ⓐ 一句成语。Yí jù chéngyǔ.　　　　　　　　　　（一つの成語。）
　❻ 一句名言。Yí jù míngyán.　　　　　　　　　　（一つの名言。）
　ⓒ 一首唐诗。Yì shǒu tángshī.　　　　　　　　　（一首の唐詩。）
　ⓓ 一个绕口令。Yí ge ràokǒulìng.　　　　　　　　（一つの早口言葉。）

本文訳例

　高校入学後、漢文の授業で私が後年中国語を学ぶきっかけを作ってくださった恩師に出会った。最初の授業で、若い先生は唐詩一首を黒板に書いた後、中国語で詠み始めた。まるで歌を歌うかのように抑揚がはっきりしていて、それまで日本語の音でしか漢詩に触れたことがなかった私にとって、中国語の音の美しさは新鮮な驚きだった。唐詩を詠み終えると、先生は微笑みながら言った。「中国語ですと、深い境地を表わすことができますし、美しく、はっきりした唐詩のリズムや臨場感を味わうことができます。そう思いませんか」。私たちが「はい」としきりにうなずくと、先生は頭をかきながら恥ずかしそうに、「中国語は大学の時から始めて、今でも続けていますが、怠け者で一向に上達しません」。それ以来、私は先生の授業が楽しみになり、しかも中国語に強く興味を持つようになった。ならば自分もと、ラジオ、テレビの講座から発音を学ぼうとしたが難しく、独学だけではとても無理だと感じて、高校卒業後に大学で中国語を専攻しようと決心した。
　それから2年後、大学合格の報告に伺うと、先生は大変喜んでくれた上に、有名な言葉をお祝いに贈ってくれた。「書山有路勤為径、学海無涯苦作舟」（学問に王道なし）。

問 24　　字谜

問　答

(1) 在哪儿能看到字谜？　　　　　（どこで漢字のなぞなぞを見ることができますか。）
- ⓐ 在电视上。Zài diànshìshang.　　　　　　　　　　　　（テレビで。）
- ⓑ 在字典上。Zài zìdiǎnshang.　　　　　　　　　　　　（辞書で。）
- ⓒ 在汉语课本上。Zài Hànyǔ kèběnshang.　　　　　（中国語のテキストで。）
- ❶ 在报纸或杂志上。Zài bàozhǐ huò zázhìshang.　　（新聞雑誌で。）

(2) 中国的汉字可以丰富人们的什么？　　（中国の漢字は人の何を豊かにしてくれますか。）
- ⓐ 经验。Jīngyàn.　　　　　　　　　　　　　　　　　　（経験。）
- ⓑ 生活。Shēnghuó.　　　　　　　　　　　　　　　　　（生活。）
- ❶ 想像力。Xiǎngxiànglì.　　　　　　　　　　　　　　（想像力。）
- ⓓ 学习内容。Xuéxí nèiróng.　　　　　　　　　　　　（学習内容。）

(3) 骨头的"骨"这个字，汉语和日语哪儿不一样？
　　　　　（「骨」という字は、中国語と日本語ではどう違いますか。）
- ⓐ 部首不同。Bùshǒu bùtóng.　　　　　　　　　　　　（部首が違う。）
- ⓑ 发音不同。Fāyīn bùtóng.　　　　　　　　　　　　　（発音が違う。）
- ⓒ 笔画的顺序不同。Bǐhuà de shùnxù bùtóng.　　（書き順が違う。）
- ❶ 一个笔画方向相反。Yí ge bǐhuà fāngxiàng xiāngfǎn.　（一画の向きが逆である。）

(4) 汉字把她带上了什么道路？　　（漢字は彼女を何の道に導いてくれましたか。）
- ⓐ 猜谜。Cāimí.　　　　　　　　　　　　　　　　　　（なぞなぞをする。）
- ⓑ 当教师。Dāng jiàoshī.　　　　　　　　　　　　　　（教師になる。）
- ❶ 学汉语。Xué Hànyǔ.　　　　　　　　　　　　　　（中国語を学ぶ。）
- ⓓ 学武术。Xué wǔshù.　　　　　　　　　　　　　　　（武術を習う。）

(5) "一根油条和两个大饼"表示什么意思？
　　　　　（「1本の揚げパンと2枚のお焼き」とはどういう意味ですか。）
- ⓐ 0分。Líng fēn.　　　　　　　　　　　　　　　　　　（0点。）
- ❶ 100分。Yìbǎi fēn.　　　　　　　　　　　　　　　　（100点。）
- ⓒ 知识分子。Zhīshi fènzǐ.　　　　　　　　　　　　　（インテリ。）
- ⓓ 汉语检定考试。Hànyǔ Jiǎndìng Kǎoshì.　　　　（中国語検定試験。）

本文訳例

　中国には多くのなぞかけがあり、中でも漢字一字を当てるなぞかけは特徴的である。例えば「鏡の中の人」であれば、答えは「入」。「人」という字は鏡に映すと「入」になる。他に、「上を見れば下にあり、下を見れば上にある」に、答えは「一」。「上」という字は「一」が下にあり、「下」という字は「一」が上にある。こうした漢字のなぞかけが中国の新聞雑誌に常時掲載され、中にはインテリでも頭を悩ませる難解なものさえ出題される。

　漢字は単なる記号ではなく、人の想像力を豊かにさせる存在ともいえる。例えば「川」はごく自然に川の流れが連想できるし、「座」は二人が地面に座っている情景が目に浮かぶ。また、中国の漢字と日本の常用漢字を比較すると、似てはいるが微妙に異なる物もある。例えば、「骨」という字は、中国語では「骨」、日本語では「骨」と書き、上部の横棒の向きが逆であるが、何故なのか訳がわからない。

　数年前、これらの神秘的な漢字が、私を中国語の世界に誘ってくれた。ここのところ、中国語検定試験の受験勉強に励む私に、日頃から家事を手伝ってくれる夫が「がんばれ、アヒルの卵（0点）だけは取ってくるなよ」とおどけた顔をするので、私はドンと胸を叩いた。「安心して、揚げパン1本とお焼き2枚（100点）を取ってくるから」

問 25　读《论语》

問　答

(1) 最近谁开始背诵古文？　　　　　　　（最近、古典の文章を暗誦し始めたのは誰ですか。）
   - ⓐ 他的儿子。Tā de érzi.　　　　　　　　　　　　　　　　　　　　　　　（彼の息子。）
   - ⓑ 他的女儿。Tā de nǚ'ér.　　　　　　　　　　　　　　　　　　　　　　（彼の娘。）
   - ⓒ 他的孙子。Tā de sūnzi.　　　　　　　　　　　　　　　　　　　　　　（彼の孫。）
   - ⓓ 他的孙女儿。Tā de sūnnǚr.　　　　　　　　　　　　　　　　　　　　（彼の孫娘。）

(2) 他受儿子的影响买了什么书？　　　　（彼は息子に影響されて何の本を買いましたか。）
   - ⓐ 《论语》。《Lúnyǔ》.　　　　　　　　　　　　　　　　　　　　　　　（『論語』。）
   - ⓑ 《史记》。《Shǐjì》.　　　　　　　　　　　　　　　　　　　　　　　（『史記』。）
   - ⓒ 《红楼梦》。《Hónglóumèng》.　　　　　　　　　　　　　　　　　　　（『紅楼夢』。）
   - ⓓ 《西游记》。《Xīyóujì》.　　　　　　　　　　　　　　　　　　　　　（『西遊記』。）

(3) 他最近重读《论语》感觉怎么样？（彼は最近、『論語』を読み返して、どう感じましたか。）
   - ⓐ 很难懂。Hěn nán dǒng.　　　　　　　　　　　　　　　　　　　　（わかりにくい。）
   - ⓑ 很容易。Hěn róngyì.　　　　　　　　　　　　　　　　　　　　　　（やさしい。）
   - ⓒ 通俗易懂。Tōng sú yì dǒng.　　　　　　　　　　　　　　　　　　（わかりやすい。）
   - ⓓ 并没有什么高深难懂的。Bìng méiyou shénme gāoshēn nán dǒng de.
　　　　　　　　　　　　　　　　　　　　　　（別に何らわかりにくい所はない。）

(4) "巧言令色，鲜矣仁"是什么意思？（「巧言令色、鮮し仁」とはどういう意味ですか。）
   - ⓐ 越会说话，越是好人。Yuè huì shuōhuà, yuè shì hǎorén.
　　　　　　　　　　　　　　　　　　　　　　　（口がうまい人ほど、善人である。）
   - ⓑ 不会说好话的人，不可信。Bú huì shuō hǎohuà de rén, bùkě xìn.
　　　　　　　　　　　　　　　　　　　　　　　（口下手な人は、信用できない。）
   - ⓒ 会说好听话的人，没有好人。Huì shuō hǎotīng huà de rén, méiyou hǎorén.
　　　　　　　　　　　　　　　　　　　　　（口のうまい人に、ろくなのはいない。）
   - ⓓ 会说好听话的人，会写好文章。Huì shuō hǎotīng huà de rén, huì xiě hǎo wénzhāng.
　　　　　　　　　　　　　　　　　　　　　（口がうまい人は、いい文章も書ける。）

(5) 他觉得谁是深受世人推崇的圣人？
　　　　　　　　　　（彼は誰のことを世の人から崇められている聖人だと思っているのですか。）
   - ⓐ 孔子。Kǒngzǐ.　　　　　　　　　　　　　　　　　　　　　　　　　　（孔子。）
   - ⓑ 老子。Lǎozǐ.　　　　　　　　　　　　　　　　　　　　　　　　　　（老子。）
   - ⓒ 孟子。Mèngzǐ.　　　　　　　　　　　　　　　　　　　　　　　　　　（孟子。）
   - ⓓ 庄子。Zhuāngzǐ.　　　　　　　　　　　　　　　　　　　　　　　　　（荘子。）

本文訳例

　最近、息子が学校から帰宅するなり、古典の一節を暗誦していた。「学びて時に之を習う、また説しからずや。朋有りて遠方より来る、また楽しからずや……」。『論語』からである。息子に刺激され、私もさっそく本屋で一冊購入し、胸を躍らせながら読んだ。
　学生時代にも読んだ『論語』だが、当時は内容が難しく、近寄りがたい印象だった。しかしそれから歳月が経ち、今改めてページをめくってみて分かるのだが、孔子の言っていることは何も高度で難解なことではなく、私たち凡人にとっても日常ごく身近なことなのだ。例えば、「過ちて則ち改むに憚ることなく勿れ」だが、これは自分の間違いに気がついたら、あっさり改めよう。「巧言令色鮮し仁」は、口がうまい人に、ろくなのはいない。他にも、「己の欲さざる所、人に施すこと勿れ」は、自分が嫌なことは、人に押しつけてはいけない、などである。
　二十年以上がすぎ、私自身が天命を知る年を迎えた今、朗々と詠む息子の声から感じるところがあった。さすがに孔子は二千年以上もの間世の人から崇められている聖人であり、『論語』は国を超え、時代を超えて読み継がれている聖典である、と。

問 26　学书法

問　答

(1) 在书法课上老师让大家做什么？　（書道の授業で先生は皆に何をするように言いましたか。）
   ⓐ 查字典。Chá zìdiǎn.　（字引を引く。）
   ⓑ 买文房四宝。Mǎi wénfáng sìbǎo.　（書道用具を買う。）
   ⓒ 照字帖练字。Zhào zìtiè liànzì.　（書道の手本を見て書く。）
   ⓓ 写一个自己喜欢的字。Xiě yí ge zìjǐ xǐhuan de zì.　（自分の好きな字を一字書く。）

(2) 她为什么写"大"字？　（彼女はなぜ「大」の字を書いたのですか。）
   ⓐ 喜欢"大"这个字。Xǐhuan "dà" zhège zì.　（「大」の字が好きだった。）
   ⓑ 笔画少，好写。Bǐhuà shǎo, hǎo xiě.　（画数が少なく、書きやすかった。）
   ⓒ 笔画多，不好写。Bǐhuà duō, bù hǎo xiě.　（画数が多く、書きにくかった。）
   ⓓ 老师让她写"大"字。Lǎoshī ràng tā xiě "dà" zì.　（「大」の字を書くように先生に言われた。）

(3) 她为什么心里很激动？　（彼女はなぜ感激したのですか。）
   ⓐ 第一次写字受表扬。Dìyī cì xiě zì shòu biǎoyáng.　（初めて字をほめられた。）
   ⓑ "大"这个字写得很好。"Dà" zhè ge zì xiěde hěn hǎo.　（「大」の字を非常にうまく書けた。）
   ⓒ 班里只有她一个人受表扬了。Bānli zhǐ yǒu tā yí ge rén shòu biǎoyáng le.　（クラスの中で彼女一人だけがほめられた。）
   ⓓ 班里只有她一个人写"大"字了。Bānli zhǐ yǒu tā yí ge rén xiě "dà" zì le.　（クラスの中で彼女一人だけが「大」の字を書いた。）

(4) 为了鼓励学生写好，老师引用了一句什么俗语？　（習字で生徒を励ますため、先生はどういうことわざを引用しましたか。）
   ⓐ 看笔如看人。Kàn bǐ rú kàn rén.　（筆を見ればその人となりがわかる。）
   ⓑ 看字如看人。Kàn zì rú kàn rén.　（字を見ればその人となりがわかる。）
   ⓒ 看字如看画儿。Kàn zì rú kàn huàr.　（字を見れば絵を見るかのようである。）
   ⓓ 看字就懂意思。Kàn zì jiù dǒng yìsi.　（字を見れば意味がわかる。）

(5) 她现在给人写信时，坚持怎么做？　（彼女は今でも手紙を書く時に、どのようなことを続けていますか。）
   ⓐ 手写。Shǒuxiě.　（手で書く。）
   ⓑ 用电脑打。Yòng diànnǎo dǎ.　（パソコンを使う。）
   ⓒ 在信封上写寄信人的名字。Zài xìnfēngshang xiě jìxìnrén de míngzi.　（封筒に差出人の名前を書く。）
   ⓓ 在信封上写收信人的名字。Zài xìnfēngshang xiě shōuxìnrén de míngzi.　（封筒に受取人の住所を書く。）

本文訳例

　確か中学の頃だった。最初の書道の時間に、好きな字を一字書くように先生から言われ、幼い頃から字にコンプレックスがあった私はいろいろ迷った末に、画数の少ない、書きやすい字を選び、思い切り大胆に「大」の字を書いた。一週間後、二回目の授業で、皆が書いたものに先生がコメントを加えていった。私の番になると、なんと先生は、この「大」の字は、大きくしっかり書かれていて、気持ちがのびのびする、と評してくれた。生れて初めて字を褒められ、私は胸が熱くなった。
　その授業の最後、先生はクラス全員に書道をする際の心構えを説いた。「字は人を表わす、ということわざがあります。肝心なのは技巧に頼らずに、一字一字気持ちを込めて書くことです。「力」であれば力強さを、「愛」であれば心が温かくなるような、「笑」であればうれしくなるような、そんな印象を見る人に与えることが大切です」。強く心に残る言葉だった。
　以来、私は先生の教えを辛抱強く、真剣に実践することによって、字を書くことが好きになった。今では、文書作りにはパソコンが手放せないが、手紙を書くときだけは、一点一画をおろそかにせず、丁寧に手で書くようにしている。

問 27　关帝庙

問　答

(1) "三国"中他最崇拜谁？　　　　　　　　　（『三国志』の中で、彼は誰のファンですか。）
  - ⓐ 曹操。Cáo Cāo.　　　　　　　　　　　　　　　　　　　　　　　　　（曹操。）
  - ❶ 关羽。Guān Yǔ.　　　　　　　　　　　　　　　　　　　　　　　　　（関羽。）
  - ⓒ 刘备。Liú Bèi.　　　　　　　　　　　　　　　　　　　　　　　　　（劉備。）
  - ⓓ 张飞。Zhāng Fēi.　　　　　　　　　　　　　　　　　　　　　　　　（張飛。）

(2) 他拜访关帝庙后觉得怎么样？　　　　　　　（彼は関帝廟を訪ねてどう思いましたか。）
  - ⓐ 名不副实。Míng bù fù shí.　　　　　　　　　　　　　　　　　　　　（有名無実。）
  - ❶ 名不虚传。Míng bù xū chuán.　　　　　　　　　　　　　　　　　　　（その名に恥じない。）
  - ⓒ 说曹操，曹操到。Shuō Cáo Cāo, Cáo Cāo dào.　　　　　　　　　（噂をすれば影が差す。）
  - ⓓ 三个臭皮匠，赛过诸葛亮。Sān ge chòu píjiàng, sàiguò Zhūgě Liàng.
  　　　　　　　　　　　　　　　　　　　　　　　　　　　　　（三人寄れば文殊の知恵。）

(3) 中国人把关羽看做什么？　　　　　　　　　（中国人は関羽を何に見立てていますか。）
  - ⓐ 大英雄。Dà yīngxióng.　　　　　　　　　　　　　　　　　　　　　（偉大な英雄。）
  - ⓑ 灶王爷。Zàowángyé.　　　　　　　　　　　　　　　　　　　　　　（かまどの神様。）
  - ⓒ 救命恩人。Jiùmìng ēnrén.　　　　　　　　　　　　　　　　　　　　（命の恩人。）
  - ❹ 生意人的财神爷。Shēngyìrén de cáishényé.　　　　　　　　　　　　（商売の神様。）

(4) 他买了两个关公塑像，一个给自己，另一个给谁？
  　（彼は関羽の像を2つ買い、一つは自分用にしましたが、もう一つは誰への物でしたか。）
  - ⓐ 一个"三国"迷。Yí ge "Sānguó" mí.　　　　　　　　　　　　　　　（三国志ファン。）
  - ⓑ 开古董店的朋友。Kāi gǔdǒngdiàn de péngyou.　　　　　（骨董屋を営んでいる友人。）
  - ❸ 开中国饭馆儿的朋友。Kāi Zhōngguó fànguǎnr de péngyou.
  　　　　　　　　　　　　　　　　　　　　　　　　（中国料理店を経営している友人。）
  - ⓓ 向他推荐山西省关帝庙的人。Xiàng tā tuījiàn Shānxī Shěng Guāndìmiào de rén.
  　　　　　　　　　　　　　　　　　　　　　　　　　　（山西省の関帝廟を薦めてくれた人。）

(5) 他朋友为什么收到关公像后非常高兴？
  　　　　　　　　　　　　（彼の友人が関羽の像を受け取ると、大喜びしたのはなぜですか。）
  - ❶ 买卖不好。Mǎimai bù hǎo.　　　　　　　　　　　　　　（商売が芳しくなかった。）
  - ⓑ 喜欢关公。Xǐhuan Guāngōng.　　　　　　　　　　　　　　（関羽が好きだった。）
  - ⓒ 在日本买不到。Zài Rìběn mǎibudào.　　　　　　　　（日本では購入できない品だった。）
  - ⓓ 那是个贵重的礼品。Nà shì ge guìzhòng de lǐpǐn.　　　　　　（高価な品だった。）

本文訳例

　私は自他共に認める『三国志』マニア。最初に触れたのが中学の頃で、登場する英雄豪傑たちに魅せられ、中国で「関公」と称される関羽の大ファンになった。
　中国各地には、関羽を祀った寺がある。中でも関羽の故郷である山西省運城の関帝廟は必見中の必見と人から薦められ、今年になって訪ねてみたが、噂に違わぬものだった。山東省の孔子廟ほどの規模ではないにしろ、立派な造りで見栄えがするものだった。見学後、脇にある土産物屋をのぞくと、関羽の像が何体も並べてある。誠実かつ温厚な人柄で、信義に厚いため、中国では商売の神様と崇められていることから、土産にする人が多いのだろう。近づいて見ると、昂然と頭を上げ、威風堂々たる様で、値段交渉もせずに即刻二体購入した。一体は自分用に、もう一体は日本で中華料理店を営む友人への贈り物に。
　帰国して、さっそくその友人の店に顔を出したところ、「噂をすれば影が差すですね。」と歓迎してくれた。例の土産を渡すと、店主はことの他喜んでくれ、「ここのところ、売り上げが芳しくなかったんですが、関羽の神様をお連れいただいた以上、商売繁盛間違いなし」。

問 28　二胡演奏

問　答

(1) 她过生日的前一天收到了什么？　（彼女は誕生日の前日に何を受け取りましたか。）
- ⓐ 二胡的ＣＤ盘。Èrhú de CD pán.　　（二胡のCD。）
- **ⓑ 女儿来的贺卡。Nǚ'ér lái de hèkǎ.**　（娘からのグリーティングカード。）
- ⓒ 新干线的车票。Xīngànxiàn de chēpiào.　（新幹線の乗車券。）
- ⓓ 音乐会的简介。Yīnyuèhuì de jiǎnjiè.　（コンサートのパンフレット。）

(2) 她女儿请她们夫妻俩听什么音乐会？
　　　　　　（彼女の娘は両親をどんなコンサートに招待しましたか。）
- **ⓐ 二胡演奏。Èrhú yǎnzòu.**　（二胡の演奏。）
- ⓑ 钢琴演奏。Gāngqín yǎnzòu.　（ピアノの演奏。）
- ⓒ 管弦乐队。Guǎnxián yuèduì.　（オーケストラ。）
- ⓓ 小提琴演奏。Xiǎotíqín yǎnzòu.　（バイオリンの演奏。）

(3) 她最喜欢的二胡曲叫什么？　（彼女が最も好きな二胡の曲は何ですか。）
- ⓐ《骏马》。《Jùnmǎ》.　（『駿馬』。）
- **ⓑ《赛马》。《Sàimǎ》.**　（『競馬』。）
- ⓒ《大草原》。《Dà cǎoyuán》.　（『大草原』。）
- ⓓ《大千世界》。《Dà qiān shì jiè》.　（『広大無辺な世界』。）

(4) 舞台上谁为大家演奏？　（ステージで演奏したのは誰ですか。）
- ⓐ 很多老演奏家。Hěn duō lǎo yǎnzòujiā.　（ベテラン奏者多数。）
- ⓑ 两个男演奏家。Liǎng ge nán yǎnzòujiā.　（男性奏者二名。）
- **ⓒ 一位女演奏家。Yí wèi nǚ yǎnzòujiā.**　（女性奏者一名。）
- ⓓ 传统乐器的演奏团。Chuántǒng yuèqì de yǎnzòutuán.　（伝統楽器の楽団。）

(5) 她由衷地感谢谁？　（彼女は心から誰に感謝しましたか。）
- **ⓐ 女儿。Nǚ'ér.**　（娘。）
- ⓑ 丈夫。Zhàngfu.　（夫。）
- ⓒ 女演奏家。Nǚ yǎnzòujiā.　（女性演奏者。）
- ⓓ 老两口儿。Lǎoliǎngkǒur.　（老夫婦。）

本文訳例

　誕生日の前日、「母さん、おめでとう！」と書かれたバースデーカードが娘から送られてきた。チケットが２枚添えられ、裏に「父さんと二胡のコンサートに行ってきて」の文字。
　娘は私たちと離れて暮しているが、最近中国の伝統楽器二胡の曲に凝っているそうである。私自身も趣味で二胡のCDをかなり集めていて、暇さえあれば聴いている。お気に入りは『賽馬』。演奏が始まると、大草原を駆け抜ける馬の群れがイメージされ、蹄の音が二本の弦だけで見事に表現されていることに驚かされる。力強く、躍動感にあふれ、聞くだけで元気が出てくるような曲だ。
　コンサートの当日、娘からのチケットを手に夫とともに会場へ。女性奏者一名がステージに登場し、演奏が始まった。二胡の音色は時に甘く、時に悲しげで、時に激しい。心の琴線に触れる曲に浸りながら、私たちは感嘆の声をもらさずにはいられなかった。「人間の感情、自然の描写をこれほどまで大胆かつ繊細に表わすことができる楽器が他にあるだろうか……」。あっという間に過ぎた２時間。こんな素敵な時間をプレゼントしてくれた娘に、ただただ感謝である。

問 29　中国电影

問　答

(1) 《向日葵》电影中的父亲有什么天赋？
（映画『ひまわり』の父親が生まれつき備えていた才能は何ですか。）
- ⓐ 导演。Dǎoyǎn. （映画監督。）
- ❺ 画家。Huàjiā. （画家。）
- ⓒ 演员。Yǎnyuán. （俳優。）
- ⓓ 作曲家。Zuòqǔjiā. （作曲家。）

(2) 他已经看过多少部中国电影了？（彼は中国映画をすでにどのくらい見てきましたか。）
- ⓐ 几百部。Jǐ bǎi bù. （数百本。）
- ⓑ 几十部。Jǐ shí bù. （数十本。）
- ⓒ 十几部。Shí jǐ bù. （十数本。）
- ⓓ 数不清。Shǔbuqīng. （数え切れない。）

(3) 通过看中国电影他了解到什么？（中国映画を通じて彼は何を理解しましたか。）
- ❶ 中国的风土人情。Zhōngguó de fēngtǔ rénqíng. （中国の風土人情。）
- ⓑ 中国的环境问题。Zhōngguó de huánjìng wèntí. （中国の環境問題。）
- ⓒ 中国的悠久历史。Zhōngguó de yōujiǔ lìshǐ. （中国の悠久の歴史。）
- ⓓ 中国电影的现状。Zhōngguó diànyǐng de xiànzhuàng. （中国映画の現状。）

(4) 他在自己的网页上设了什么专栏？
（彼は自分のホームページの中でどういうコーナーを設けましたか。）
- ⓐ 电影明星简介。Diànyǐng míngxīng jiǎnjiè. （銀幕スターのプロフィール。）
- ❺ 电影欣赏专栏。Diànyǐng xīnshǎng zhuānlán. （映画鑑賞コーナー。）
- ⓒ 最新电影广告。Zuìxīn diànyǐng guǎnggào. （最新映画の広告。）
- ⓓ 向日葵的研究。Xiàngrìkuí de yánjiū. （ひまわりの研究。）

(5) 中国电影除了场面宏大，还有什么特点？
（中国映画は壮大なスケール以外に、どういう特徴がありますか。）
- ⓐ 内容丰富，体裁新颖。Nèiróng fēngfù, tǐcái xīnyǐng. （豊富な内容、斬新なアイディア。）
- ❺ 情节感人，描写大胆。Qíngjié gǎnrén, miáoxiě dàdǎn.
（感動的なストーリー、大胆な描写。）
- ⓒ 人物排场，艺术性高。Rénwù páichang, yìshùxìng gāo. （豪華なキャスト、高い芸術性。）
- ⓓ 质量很差，盗版太多。Zhìliàng hěn chà, dàobǎn tài duō. （質が低く、盗作が多い。）

本文訳例

アジア映画祭で『胡同（フートン）のひまわり』という中国映画を見た。画家への夢を文化大革命のため断念した男が、その夢を一人息子に託して厳しく教育していく。息子は反発し、親子の間に摩擦が生じるが、結局はその道に導かれていく、という内容である。観客動員数の高い映画だけに、私も感動的なストーリーに胸が熱くなった。この作品を含め、ここ十年で、私が見た中国映画は数十作品。『山の郵便配達』『初恋のきた道』『北京ヴァイオリン』など、様々な題材、豊富な内容の映画を通して、中国の風土人情が理解でき、中国庶民の心の内に触れられた。それではと勢いづいて、昨年から中国をテーマにした個人のホームページをつくり、映画鑑賞のコーナーを設けた。これまでに見た映画の感想をまとめた物だが、同好の士からの反響が始終あり、中にはお薦めの新作映画を紹介してくれる人もいる。『胡同（フートン）のひまわり』もまさにその一つである。
　中国映画は、雄大なスケールと大胆なストーリー展開の作品が多いのが特徴的だ。広大な国土と悠久の歴史がそうさせるのだろうか。これからもネット上で仲間と楽しみを共有していきたい。

問 30 乒乓球

問　答

(1) 张老师乒乓球打得怎么样？　　　　　　　　（張先生の卓球の腕前はどうでしたか。）
　　ⓐ 很一般。Hěn yìbān.　　　　　　　　　　　　　　　　　　（普通だった。）
　　ⓑ 打得很好。Dǎde hěn hǎo.　　　　　　　　　　　　　　（すごくうまかった。）
　　ⓒ 打得不太好。Dǎde bú tài hǎo.　　　　　　　　　　　（大したことなかった。）
　　ⓓ 和他一样。Hé tā yíyàng.　　　　　　　　　　　　　（彼と同じくらいだった。）

(2) 张老师什么时候学会打乒乓球的？　　　　　（張先生はいつ卓球を覚えましたか。）
　　ⓐ 解放后。Jiěfàng hòu.　　　　　　　　　　　　　　　　　　（解放後。）
　　ⓑ 退休后。Tuìxiū hòu.　　　　　　　　　　　　　　　　　　（退職後。）
　　ⓒ 文革期间。Wéngé qījiān.　　　　　　　　　　　　　　　（文革期。）
　　ⓓ 改革开放后。Gǎigé kāifàng hòu.　　　　　　　　（改革・開放以降。）

(3) 他和张老师比赛，他赢了吗？　　　　　　（彼は張先生との試合に勝ちましたか。）
　　ⓐ 平局。Píngjú.　　　　　　　　　　　　　　　　　　　　　（引き分け。）
　　ⓑ 输了。Shū le.　　　　　　　　　　　　　　　　　　　　　（負けた。）
　　ⓒ 赢了。Yíng le.　　　　　　　　　　　　　　　　　　　　　（勝った。）
　　ⓓ 不分胜负。Bùfēn shèngfù.　　　　　　　　　　　（勝負がつかなかった。）

(4) 他来中国留学后，觉得中国是个什么样的国家？
　　　　　　　　　　　　　　　（彼は中国留学中、中国をどういう国だと思いましたか。）
　　ⓐ 气功王国。Qìgōng wángguó.　　　　　　　　　　　　　　（気功王国。）
　　ⓑ 乒乓球王国。Pīngpāngqiú wángguó.　　　　　　　　　（卓球王国。）
　　ⓒ 太极拳王国。Tàijíquán wángguó.　　　　　　　　　　　（太極拳王国。）
　　ⓓ 自行车王国。Zìxíngchē wángguó.　　　　　　　　　　　（自転車王国。）

(5) 他觉得乒乓球是个什么样的体育运动？
　　　　　　　　　　　　　　（彼は卓球をどういうスポーツだと思っていますか。）
　　ⓐ 敏捷、快速。Mǐnjié、kuàisù.　　　　　　　（敏捷で、スピードがある。）
　　ⓑ 纤细、深奥。Xiānxì、shēn'ào.　　　　　　　　　（繊細で、奥深い。）
　　ⓒ 优雅、缓慢。Yōuyǎ、huǎnmàn.　　　　　　　　　（優雅で、緩慢。）
　　ⓓ 老一套、很野蛮。Lǎoyítào、hěn yěmán.　　　　（古臭く、野暮ったい。）

本文訳例

　ある日曜の夕方。他の留学生と卓球に興じていると、そばを通りかかった会話の張先生が、「なかなかやるねえ」と声をかけてくれた。私たちは手を止め、「こんにちは！」と挨拶し、大胆にも私は「一試合どうですか」とお誘いしてみた。「もちろんいいですよ」と先生は買い物カゴを下ろしたり、コートを脱いだりしてから、ラケットを握った。すると、素早い動きでスマッシュを打ち始めたのである。70すぎで武漢出身の先生が、これほどの腕だとは恐れ入った。先生は、「とんでもない、ラケットに触るのは久しぶりですよ。昔とった杵柄で、そういう意味では文革様々です。なにしろ当時は学生による授業ボイコットで、教師はやることがなく、卓球ばかりの毎日でしたから」。その日、私たち日本人留学生の二人は先生と1ゲームずつ対戦したが、まるで相手にならなかった。
　留学前から中国の一般庶民は太極拳や気功、卓球を趣味としていることは聞いていたが、中国に来て、卓球については中高年の多くができるどころか、高いレベルにあることを知った。1年間の留学中にいろんな人と相手をしてもらったが、さすがに卓球王国だけのことはあった。だが、解けない謎もある。優雅でゆったりした気功や太極拳を愛する人たちが、スピード感あふれる卓球をなぜあれほど好むのだろうか？

問31　打麻将

問　答

(1) 大学时，他麻将玩儿得怎么样？　（大学時代、彼のマージャンの腕はどうでしたか。）
- ⓐ 从没输过。Cóng méi shūguo.　（負けたことがなかった。）
- ❶ 输得多，赢得少。Shūde duō, yíngde shǎo.　（負けが多く、勝つことが少なかった。）
- ⓒ 赢得多，输得少。Yíngde duō, shūde shǎo.　（勝つことが多く、負けが少なかった。）
- ⓓ 胜负差不多一样多。Shèngfù chàbuduō yíyàng duō.　（勝ち負けが同じくらいだった。）

(2) 他从什么时候开始不打麻将了？　（彼がマージャンをやめたのはいつからですか。）
- ⓐ 结婚后。Jiéhūn hòu.　（結婚してから。）
- ⓑ 下岗后。Xiàgǎng hòu.　（リストラされてから。）
- ❸ 参加工作后。Cānjiā gōngzuò hòu.　（就職してから。）
- ⓓ 考上大学后。Kǎoshàng dàxué hòu.　（大学進学後。）

(3) 游戏机上的麻将哪儿美中不足？（ゲーム機のマージャンはどういう点が玉にキズですか。）
- ⓐ 累眼睛。Lèi yǎnjing.　（目が疲れる。）
- ⓑ 经济上不合算。Jīngjìshang bù hésuàn.　（不経済である。）
- ⓒ 玩儿的地方受限制。Wánr de dìfang shòu xiànzhì.　（遊ぶ場所が制限される。）
- ❹ 不热闹，交不上朋友。Bú rènao, jiāobushàng péngyou.
　（盛り上がらず、人と親睦を図れない。）

(4) 中国近几年出现了什么热？　（中国ではここ数年どういうブームが起きていますか。）
- ⓐ 购房热。Gòu fáng rè.　（住宅購入ブーム。）
- ⓑ 买车热。Mǎi chē rè.　（自家用車購入ブーム。）
- ⓒ 养狗热。Yǎng gǒu rè.　（犬を飼うブーム。）
- ❹ 修长城热。Xiū Chángchéng rè.　（万里の長城建設ブーム。）

(5) 他去中国时，想向打麻将的中国人怎么打招呼？
　　　（中国に行ったら、彼はマージャンをやる人にどう挨拶したいですか。）
- ⓐ 恭喜发财。Gōngxǐ fācái.　（お金儲けができますように。）
- ⓑ 请教我玩儿麻将。Qǐng jiāo wǒ wánr májiàng.
　（マージャンのやり方を教えてください。）
- ❸ 友谊第一，比赛第二。Yǒuyì dìyī, bǐsài dì'èr.　（友情が第一、勝負は二の次ですよ。）
- ⓓ 如果三缺一，请把我加上。Rúguǒ sān quē yī, qǐng bǎ wǒ jiāshàng.
　（1人足りないなら、場に加わらせてください。）

本文訳例

　マージャンとなると、大学時代のことを思い出す。学校をさぼって仲間とよく徹夜で賭けマージャンをした。ただし負けることの方が多く、食事代さえ持っていかれ、空腹を抱えざるを得ない時もあった。社会人になってからは、やる気が失せ、たまに「一人足りないから、場に加わって」と誘われても、何らかの理由をつけて断っていた。
　ところが、昨年から携帯ゲーム機のマージャンに知らずうちにはまり、このゲームが中国人の発明と日本人の知恵の結晶であることを実感させられた。おもしろさだけではなく、時、場所を選ばず、メンバーを探す必要がない利便性があるのだ。唯一難を言えば、場の雰囲気を楽しんだり、人と親睦を深めたりができないことぐらいか。
　マージャンの古里中国では、マージャンに興じることを、冗談めかして「長城を建設する」と呼ぶそうだ。ここ数年の「長城建設ブーム」で、公園や道端に定年になった老人が集まって「長城建設」に励んでいる。今度中国を旅するときは、私も「長城建設」に加わりたい。もちろん「長城」の古里である以上、私のようなよそ者はまず負けが避けられないだろうから、あらかじめ挨拶しておこう。「勝負は二の次ですよ、友情第一ですからね」と。

問 32　迎 "七夕"

問　答

(1) 七月七号是中国的什么纪念日？（7月7日は、中国では何の記念日にあたりますか。）
- ⓐ 国庆节。Guóqìngjié.　　　　　　　　　　　　　（国慶節＝10月1日。）
- ⓑ 教师节。Jiàoshījié.　　　　　　　　　　　　　（教師節＝9月10日。）
- ⓒ 国际劳动节。Guójì láodòngjié.　　　　　　　　（メーデー＝5月1日）
- ❹ 抗日战争纪念日。Kàngrì zhànzhēng jìniànrì.　　（抗日戦争記念日。）

(2) 七夕节源于什么传说？　　　　　　　　　　（七夕のルーツは何の伝説からですか。）
- ⓐ 孟姜女。Mèngjiāngnǚ.　　　　　　　　　　　　（孟姜女。）
- ⓑ 嫦娥奔月。Cháng'é bēn yuè.　　　　　　　　　（嫦娥月に奔る。）
- ❸ 牛郎织女。Niúláng Zhīnǚ.　　　　　　　　　　（織姫と彦星。）
- ⓓ 愚公移山。Yú gōng yí shān.　　　　　　　　　（愚公山を移す。）

(3) 什么样的夫妻被称为"七夕夫妻"？
　　　　　　　　　　　　　　（どのような夫婦が「七夕夫婦」と言われていますか。）
- ⓐ 快要离婚的夫妻。Kuàiyào líhūn de fūqī.　　　　（離婚しそうな夫婦。）
- ❷ 长期分居的夫妻。Chángqī fēnjū de fūqī.　　　　（長期間別居している夫婦。）
- ⓒ 国际婚姻的夫妻。Guójì hūnyīn de fūqī.　　　　（国際結婚の夫婦。）
- ⓓ 七月七号结婚的夫妻。Qīyuè qīhào jiéhūn de fūqī.（7月7日に結婚した夫婦。）

(4) 听了老师的话，她觉得怎么样？　（先生の話を聞いて、彼女はどう思いましたか。）
- ⓐ 很受帮助。Hěn shòu bāngzhù.　　　　　　　　（助けられた。）
- ❷ 很受鼓舞。Hěn shòu gǔwǔ.　　　　　　　　　（励まされた。）
- ⓒ 很受启发。Hěn shòu qǐfā.　　　　　　　　　　（啓発された。）
- ⓓ 很受影响。Hěn shòu yǐngxiǎng.　　　　　　　　（影響された。）

(5) 她和外地的男朋友经常用什么联系？
　　　　　　　　　　　（彼女は長距離恋愛の彼とどういう方法で連絡をよく取り合っていますか。）
- ⓐ 传真。Chuánzhēn.　　　　　　　　　　　　　（ファックス。）
- ⓑ 书信。Shūxìn.　　　　　　　　　　　　　　　（手紙。）
- ❸ 伊妹儿。Yīmèir.　　　　　　　　　　　　　　（Eメール。）
- ⓓ 请人转告。Qǐng rén zhuǎngào.　　　　　　　　（伝言を頼む。）

本文訳例

　今日、中国語の授業の冒頭、先生からこういう話があった。「今日は日本では七夕ですね。元来中国の伝統的な祝日ですが、後に盧溝橋事件が発端となって中日戦争が起きたため、現在この日は中国の抗日戦争記念日となっています」。さらに、「七夕の起源は、よく知られている『牽牛と織女』の伝説です。天の河によって引き離された仲睦まじい一組の夫婦が毎年7月7日に川のほとりにきて、カササギが翼を広げて作った橋を渡って再会する、というものです」。すると先生は、「中国の現実の社会にも、「七夕夫婦」がいるのをご存知ですか」と質問をされた。私たちが首を横に振ると、「様々な理由から長期間離れ離れになっている夫婦のことです。例えば男性が広州で女性が桂林、あるいは女性が上海で男性が西安のように。それこそ年に1度、それも会えてもわずかな時間なんです」。

　先生の話を聞いて、私は大いに勇気づけられた。私も彼と遠距離恋愛を続けているからだ。東京と大阪に離れて暮らしていることで、お互い相手を想う気持ちが募り、常にメールを欠かさず、久しぶりに再会した時には一緒に過ごせる時間の大切さを何倍にも感じる。とはいえ、私たちは年に1度どころか、夏休み冬休み、ゴールデンウィークに、お盆、正月と、最低4、5回は会える計算だ。

問 33　祝寿

問　答

(1) 他叔叔今年多大岁数了？　　　　　　　　　　（彼の叔父は今年いくつですか。）
- ⓐ 古稀。Gǔxī.　　　　　　　　　　　　　　　（古希＝70歳。）
- ⓑ 花甲。Huājiǎ.　　　　　　　　　　　　　　（還暦＝60歳。）
- ⓒ 八十大寿。Bāshí dàshòu.　　　　　　　　　（80歳。）
- ⓓ 不惑之年。Búhuò zhī nián.　　　　　　　　（不惑の年＝40歳。）

(2) 叔叔约他在哪儿见面？　　　　　　　　　　　（叔父は彼とどこで落ち合うことにしましたか。）
- ⓐ 机场。Jīchǎng.　　　　　　　　　　　　　　（空港。）
- ❺ 码头。Mǎtou.　　　　　　　　　　　　　　（埠頭。）
- ⓒ 火车站。Huǒchēzhàn.　　　　　　　　　　（駅。）
- ⓓ 停车场。Tíngchēchǎng.　　　　　　　　　　（駐車場。）

(3) 他们是在什么地方举行的庆典？　　　　　　　（彼らはどこで祝賀会を行いましたか。）
- ⓐ 饭馆儿。Fànguǎnr.　　　　　　　　　　　　（レストランで。）
- ❺ 观光船上。Guānguāngchuánshang.　　　　　（観光船で。）
- ⓒ 叔叔家。Shūshu jiā.　　　　　　　　　　　（叔父の家で。）
- ⓓ 叔叔的工作单位。Shūshu de gōngzuò dānwèi.　（叔父の職場で。）

(4) 宴会的什么时候叔叔致词了？　　　　　　　　（宴会のどこで、叔父はスピーチをしましたか。）
- ⓐ 散会后。Sànhuì hòu.　　　　　　　　　　　（散会後。）
- ⓑ 开始后不久。Kāishǐ hòu bùjiǔ.　　　　　　（開始後間もなく。）
- ⓒ 中间的时候。Zhōngjiān de shíhou.　　　　　（途中で。）
- ❹ 快结束的时候。Kuài jiéshù de shíhou.　　　（終了真近で。）

(5) 叔叔想学什么？　　　　　　　　　　　　　　（叔父は何を学びたいですか。）
- ❶ 滑雪。Huáxuě.　　　　　　　　　　　　　　（スキーをする。）
- ⓑ 打算盘。Dǎ suànpán.　　　　　　　　　　　（そろばんを弾く。）
- ⓒ 弹吉他。Tán jítā.　　　　　　　　　　　　（ギターを弾く。）
- ⓓ 打保龄球。Dǎ bǎolíngqiú.　　　　　　　　　（ボーリングをする。）

本文訳例

　港町に住む叔父から電話があり、今年古希を迎えるから、8月8日の誕生日にぜひ祝いに来てほしい、と言われた。「自分の誕生日を自分から祝うように連絡してくるなんて、おじさんくらいにしかできませんよ。ご安心を。何をおいても出席しますから」と私は笑いながら返事をした。
　当日、待ち合わせ場所である埠頭で叔父に会った。相変わらずおしゃれで、若い格好をしているので、とても七十には見えない。私を見るなり、うれしそうに「よく来てくれた、あんたが来てくれんと始まらないんだ」。すると手を出して、「ところで、何を持ってきてくれたんだ？いや冗談、真に受けるなよ。ワッハッハ」。
　祝いの席として叔父がわざわざ借り切った屋形船に乗りこむと、すでに親戚友人が集まっていた。祝いの宴が始まると、杯が交わされたり、あちこちで話に花が咲いたりで、場が途端ににぎやかになった。最後は、叔父が喜色満面でお礼のスピーチ。「古希祝いにわざわざお出でいただき、ありがとうございます。お陰様でこの通りピンピンしています。これからもやりたいことが山ほどあって、スキーだって覚えたいし、海外旅行だってしたい。何しろあと30年は生きる予定だから。ワッハッハ」。

問 34　算命

問　答

(1) 她爬山时碰到的老人是干什么的？
　　　　　　　（彼女が山登りをした時に出会った老人は、何をしている人でしたか。）
　ⓐ 爬山的。Páshān de.　　　　　　　　　　　　　　　　　（登山者。）
　❺ 算卦的。Suànguà de.　　　　　　　　　　　　　　　　（占い師。）
　ⓒ 要饭的。Yàofàn de.　　　　　　　　　　　　　　　　　（乞食。）
　ⓓ 卖饮料的。Mài yǐnliào de.　　　　　　　　　　　　　（飲み物売り。）

(2) 算命先生看出她身体哪儿不好？（占い師は彼女の体のどこが悪いと判断しましたか。）
　ⓐ 肠胃。Chángwèi.　　　　　　　　　　　　　　　　　　（胃腸。）
　❺ 肝脏。Gānzàng.　　　　　　　　　　　　　　　　　　　（肝臓。）
　ⓒ 腿脚。Tuǐjiǎo.　　　　　　　　　　　　　　　　　　　（足。）
　ⓓ 心脏。Xīnzàng.　　　　　　　　　　　　　　　　　　　（心臓。）

(3) 她问算命先生什么？　　　　　　　（彼女は占い師に何を聞きましたか。）
　ⓐ 怎么能戒酒？Zěnme néng jièjiǔ？　　　　（どうすれば禁酒できるか。）
　ⓑ 看一次手相多少钱？Kàn yí cì shǒuxiàng duōshao qián？（手相の鑑定料はいくらか。）
　❻ 什么时候能结上良缘？Shénme shíhou néng jiéshàng liángyuán？（いつ良縁があるか。）
　ⓓ 什么时候能学会南方话？Shénme shíhou néng xuéhuì nánfānghuà？
　　　　　　　　　　　　　　　　　　　　（いつ南方の言葉をマスターできるか。）

(4) 算命之后不到半年，她遇到了谁？
　　　　　　（占ってもらって半年にもならないうちに、彼女は誰と知り合いましたか。）
　ⓐ 仙人。Xiānrén.　　　　　　　　　　　　　　　　　　　（仙人。）
　ⓑ 医生。Yīshēng.　　　　　　　　　　　　　　　　　　　（医者。）
　ⓒ 算命先生。Suànmìng xiānsheng.　　　　　　　　　　　（占い師。）
　❹ 现在的丈夫。Xiànzài de zhàngfu.　　　　　　　　　　（現在の夫。）

(5) 在今天的中国，算卦被怎么看待？
　　　　　　（今日の中国では、占いはどのように見られていますか。）
　❶ 迷信。Míxìn.　　　　　　　　　　　　　　　　　　　　（迷信。）
　ⓑ 奇迹。Qíjì.　　　　　　　　　　　　　　　　　　　　　（奇跡。）
　ⓒ 神秘。Shénmì.　　　　　　　　　　　　　　　　　　　（神秘。）
　ⓓ 娱乐。Yúlè.　　　　　　　　　　　　　　　　　　　　　（娯楽。）

本文訳例

　かなり以前の話だが、北京市郊外の山に遊びに行ったとき、面白い体験をした。途中、休憩所で腰を下ろしている占いのおじいさんに出会った。ぼろぼろの身なりで、痩せ細った顔をしているので、最初はてっきり乞食かと思ったが、よく見ると、足元に「手相」と書いた紙切れが置いてある。ふと興味がわき、老人に話しかけて占ってもらうことにした。老人は私の右手をじっとみつめると、落ち着いた口調で南方なまりの強い中国語を話し始めた。「肝臓が少し弱っているようだから、飲みすぎないように」と占い師なのに、なぜか医者のようなことを言う。ちょうど失恋中だった私は、この時とばかりに尋ねてみた。「良縁に恵まれるでしょうか」。すると返ってきた答えが、「近いうちに必ず恵まれるよ。大丈夫、一生幸せになれるよ」。私は天にも昇る気分で、一気に山頂まで駆け上がった。
　世の中には不思議なことがあるもので、老人の占いが的中した。それから半年もたたないうちに、私は人生の伴侶に巡り合えたのである。現代の中国では、占いは迷信だと否定されていて、街から姿を消しているようだが、ひょっとしたらあのお爺さんは仙人だったのだろうか？

問 35　焰火

問	答

(1) 中国一般什么时候放花？　　　　　　　　（中国では一般に花火を上げるのはいつですか。）
- ⓐ 夏天。Xiàtiān.　　　　　　　　　　　　　　　　　　　　　　（夏。）
- ⓑ 周末。Zhōumò.　　　　　　　　　　　　　　　　　　　　　　（週末。）
- **ⓒ** 过节时。Guòjié shí.　　　　　　　　　　　　　　　　　　　（祝祭日の時。）
- ⓓ 时间不定。Shíjiān búdìng.　　　　　　　　　　　　　　　　　（不定期。）

(2) 他们去哪儿看花？　　　　　　　　　　　（彼らはどこに花火を見に行きましたか。）
- ⓐ 公园。Gōngyuán.　　　　　　　　　　　　　　　　　　　　　（公園。）
- **ⓑ** 广场。Guǎngchǎng.　　　　　　　　　　　　　　　　　　　（広場。）
- ⓒ 海边儿。Hǎibiānr.　　　　　　　　　　　　　　　　　　　　（海岸。）
- ⓓ 河边儿。Hébiānr.　　　　　　　　　　　　　　　　　　　　（川べり。）

(3) 焰火像什么花？　　　　　　　　　　　　（花火は何の花に似ていますか。）
- ⓐ 菊花。Júhuā.　　　　　　　　　　　　　　　　　　　　　　　（菊。）
- ⓑ 莲花。Liánhuā.　　　　　　　　　　　　　　　　　　　　　　（ハスの花。）
- ⓒ 梅花。Méihuā.　　　　　　　　　　　　　　　　　　　　　　（梅。）
- **ⓓ** 樱花。Yīnghuā.　　　　　　　　　　　　　　　　　　　　　（桜。）

(4) 日本人吃饭时爱讲究什么？　　　　　　　（日本人は食事の時に何にこだわりますか。）
- ⓐ 桌布。Zhuōbù.　　　　　　　　　　　　　　　　　　　　　　（テーブルクロス。）
- ⓑ 烹调佐料。Pēngtiáo zuǒliao.　　　　　　　　　　　　　　　　（調味料。）
- **ⓒ** 碗筷餐具。Wǎnkuài cānjù.　　　　　　　　　　　　　　　　（食器。）
- ⓓ 色、香、味、美。Sè, xiāng, wèi, měi.　　　　　　　　　　　（色、香り、味、見た目。）

(5) 日本人写信时开头爱写什么？　　（日本人は手紙を書くとき、最初に何を書きますか。）
- ⓐ 道歉的话。Dàoqiàn de huà.　　　　　　　　　　　　　　　　（お詫びの言葉。）
- ⓑ 道谢的话。Dàoxiè de huà.　　　　　　　　　　　　　　　　　（お礼の言葉。）
- **ⓒ** 季节问候语。Jìjié wènhòuyǔ.　　　　　　　　　　　　　　　（時候のあいさつ。）
- ⓓ 寄信人的名字。Jìxìnrén de míngzi.　　　　　　　　　　　　　（差出人の名前。）

本文訳例

　中国で春節を迎えた時、友人の劉さんが夜、花火を見に行こうと誘ってくれた。「夏でもないのに、花火？」と驚くと、「中国では祝祭日のような公式祝賀行事に花火を打ち上げるんです。季節とは関係なく」と説明してくれた。綿入れを着込んで広場に駆けつけると、冬の夜空に美しい大輪の花がいくつも咲いた。集まった人の顔には、新しい年への願いが込められているようだ。花火の音が止み、一斉に人が散る中、私は一人夜のしじまに包まれた冬空を見上げたまま動かなかった。花火が昔から日本人に愛されてきた最大の理由は、桜の花に似て、咲いた時と散る時の一瞬の美しさであり、こうした独特な鑑賞法は、日本人に独特な情緒が備わっていることを表わしている。「何をまだ見ているの？」と隣にいた劉さんが上空と私の顔を交互に見ながら、いぶかしげに声をかけてきた。「いや何も。花火の余韻に浸っているだけです」。
　「寒いから、行きましょう」と劉さんは私の肩をたたくと、こう言った。「日本人は特別ですね、いろんなことにこだわります。それは何も花火を見るときの情緒だけでなく、食事の時には皿や箸にまでこだわりますし、手紙を書くときにも時候のあいさつから始めるでしょう？ああいうあいさつ言葉が今でも私は苦手で……」。

問 36　友好使者

問　答

(1) 熊猫生息繁殖的天国在哪儿？（パンダにとっての生息、繁殖の天国とはどこですか。）
  ⓐ 贵州。Guìzhōu.　　　　　　　　　　　　　　　　　　　　　　（貴州。）
  ❺ 四川。Sìchuān.　　　　　　　　　　　　　　　　　　　　　　（四川。）
  ⓒ 西藏。Xīzàng.　　　　　　　　　　　　　　　　　　　　　　（西蔵。）
  ⓓ 新疆。Xīnjiāng.　　　　　　　　　　　　　　　　　　　　　　（新疆。）

(2) 熊猫最初来日本的1972年发生了什么大事？
　　　　　　　　　　　　　　（パンダが初来日した1972年は何があった年ですか。）
  ⓐ 五四运动。Wǔ Sì yùndòng.　　　　　　　　　　（五四運動＝1919年。）
  ⓑ 周恩来去世。Zhōu Ēnlái qùshì.　　　　　　　　（周恩来の死去＝1976年。）
  ❸ 日中邦交正常化。Rì-Zhōng bāngjiāo zhèngchánghuà.　（日中国交正常化。）
  ⓓ 中华人民共和国成立。Zhōnghuá rénmín gònghéguó chénglì.
　　　　　　　　　　　　　　　　　　　　　　（中華人民共和国の成立＝1949年。）

(3) 在我们的日常生活中带有熊猫形象的商品多不多？
　　　　　　　　　　　　　（我々の日常生活の中でパンダグッズはたくさんありますか。）
  ⓐ 很少见。Hěn shǎojiàn.　　　　　　　　　　　　　　　（めったに見ない。）
  ⓑ 根本没有。Gēnběn méiyou.　　　　　　　　　　　　　　（全然ない。）
  ⓒ 寥寥无几。Liáo liáo wú jǐ.　　　　　　　　　　　　（ごくわずかである。）
  ❹ 应有尽有。Yīng yǒu jìn yǒu.　　　　　　　　　　　　　（何でもある。）

(4) 她是怎么知道熊猫和朱鹮濒于灭绝的？
　　　　　　　　　　（彼女はパンダとトキが絶滅に瀕していることを何で知ったのですか。）
  ❶ 查网。Cháwǎng.　　　　　　　　　　　　　　　　　（ネットで調べて。）
  ⓑ 看电视。Kàn diànshì.　　　　　　　　　　　　　　　（テレビを見て。）
  ⓒ 听别人说的。Tīng biéren shuō de.　　　　　　　　　　（人から聞いて。）
  ⓓ 通过动物园的简介。Tōngguò dòngwùyuán de jiǎnjiè.　（動物園のパンフレットで。）

(5) 在日中两国之间，什么动物被称为友好大使？
　　　　　　　　　（日中両国間で、友好大使と呼ばれているのは何の動物ですか。）
  ⓐ 大象和鸽子。Dàxiàng hé gēzi.　　　　　　　　　　　　（ゾウとハト。）
  ⓑ 猴子和鸭子。Hóuzi hé yāzi.　　　　　　　　　　　　（サルとアヒル。）
  ⓒ 老虎和燕子。Lǎohǔ hé yànzi.　　　　　　　　　　　（トラとツバメ。）
  ❹ 熊猫和朱鹮。Xióngmāo hé zhūhuán.　　　　　　　　　（パンダとトキ。）

本文訳例

　週末に東京の上野動物園に行って、パンダを見た。白と黒のモノトーンの毛に全身覆われ、歩く姿といい、笹を食べる姿といい、愛嬌たっぷりである。丸々した体に真ん丸な顔、黒々した眼の回りが、何ともかわいい。周りを囲んだ子供たちが絶えず歓声を上げ、大人たちも目を細めて見ていた。
　パンダの古里である中国四川省は、高い湿度と生い茂った竹林によって、生殖、繁殖の面でパンダにとって最高の楽園となっている。1972年の日中国交正常化後、中国の「親善大使」として初来日。以来、日本人から愛され続け、私たちの回りにはおもちゃや携帯ストラップ、Tシャツなど、ありとあらゆるパンダグッズがあふれている。
　1985年、日中共同で希少鳥類トキを保護する活動が始まったのをきっかけに、親善大使としてトキは日中間を往来するようになった。最近、トキとパンダが絶滅の危機に瀕し、厳しい状況に追い込まれていることを、ネット上で知った。地球全体の自然環境が徐々に改善され、パンダとトキの「親善大使」が永くその生命を維持し、いつまでも友情の懸け橋となることを願うのみである。

問 37　饺子

問　答

(1) 在中国留学时，朋友问他什么？　　（中国に留学中、友人は彼に何と尋ねましたか。）
- ⓐ 你会做什么中国菜？Nǐ huì zuò shénme Zhōngguócài ?　（中国料理は何を作れるか。）
- ⓑ 你喜欢哪儿的风味儿？Nǐ xǐhuan nǎr de fēngwèir ?　　（どこの風味が好きか。）
- **ⓒ 你喜欢什么中国菜？Nǐ xǐhuan shénme Zhōngguócài ?**　（中国料理は何が好きか。）
- ⓓ 你喜欢什么馅儿的饺子？Nǐ xǐhuan shénme xiànr de jiǎozi ?
　　　　　　　　　　　　　　　　　　　　　　（餃子は何のあんが好きか。）

(2) 中国餐馆儿菜单儿上的饺子多指什么？
　　　　（中国のレストランでは、メニューにのっている餃子は何を指すことが多いですか。）
- ⓐ 馄饨。Húntun.　　　　　　　　　　　　　　　　　　　　（ワンタン。）
- ⓑ 烧卖。Shāomai.　　　　　　　　　　　　　　　　　　　　（シュウマイ。）
- **ⓒ 水饺。Shuǐjiǎo.**　　　　　　　　　　　　　　　　　　　（水餃子。）
- ⓓ 锅贴儿。Guōtiēr.　　　　　　　　　　　　　　　　　　　（焼き餃子。）

(3) 日本人在饮食习惯上把锅贴儿当什么？
　　　　　（日本人は食習慣において、焼き餃子をどういう位置づけにしていますか。）
- **ⓐ 副食。Fùshí.**　　　　　　　　　　　　　　　　　　　　（おかず。）
- ⓑ 点心。diǎnxin.　　　　　　　　　　　　　　　　　　　　（おやつ。）
- ⓒ 夜宵。Yèxiāo.　　　　　　　　　　　　　　　　　　　　（夜食。）
- ⓓ 主食。Zhǔshí.　　　　　　　　　　　　　　　　　　　　（主食。）

(4) 对于中国人来说，锅贴儿配米饭的吃法怎么样？
　　　　（焼き餃子とご飯を一緒に食べるのは、中国人の目にどう映りますか。）
- **ⓐ 很离奇。Hěn líqí.**　　　　　　　　　　　　　　　　　　（奇異である。）
- ⓑ 很理想。Hěn lǐxiǎng.　　　　　　　　　　　　　　　　　（理想的である。）
- ⓒ 很自然。Hěn zìrán.　　　　　　　　　　　　　　　　　　（ごく自然である。）
- ⓓ 有点儿别扭。Yǒudiǎnr bièniu.　　　　　　　　　　　　　（少し違和感がある。）

(5) 一提起饺子，他会怎么样？　　（餃子となると、彼はどういう風になりますか。）
- ⓐ 不感兴趣。Bù gǎn xìngqù.　　　　　　　　　　　　　　　（無関心。）
- **ⓑ 馋得要命。Chánde yàomìng.**　　　　　　　　　　　　　（食べたくてたまらない。）
- ⓒ 想起大蒜。Xiǎngqǐ dàsuàn.　　　　　　　　　　　　　　（ニンニクを思い出す。）
- ⓓ 觉得很油腻。Juéde hěn yóunì.　　　　　　　　　　　　　（油っこく感じる。）

本文訳例

　中国留学中、中国の「餃子」は水餃子と焼き餃子を意味することを知った。当時、中国の友人から「好きな中国料理は？」と聞かれ、「焼き餃子」と答えると、笑われた。「焼き餃子が料理ですって、主食そのものじゃないですか」。確かに、中国の料理店で日本のように焼き餃子をおかずにして主食と食べる人を見ることは、まずない。しかもメニューの上での餃子は、多くは水餃子を指すのだ。
　帰国後、この問題について考えてみた。中国から日本に伝わった餃子はなぜ焼き餃子が主となったのか、そしてなぜ主食ではなく、おかずとなったのだろうか。恐らく主食にご飯が欠かせない日本人が焼き餃子をおかずとして食べることによって、ご飯そのものがおいしくなることがわかったのであろう。本場中国の水餃子はあっさりしていて、ご飯との相性が悪いため、日本人の食卓では焼き餃子が餃子の主流となったのだ。
　水餃子があれば主食が不要の中国人にとって、日本人がご飯やチャーハン、麺と一緒に焼き餃子を食べるのはさぞ奇異な行為に映るであろう。あたかもパンをおかずにご飯を食べるようなものだからだ。だが、こうした食べ方は日本人の好みにぴたり合っている。私の場合、餃子となると目がなく、中国語も中国人から餃子作りを習ったのがきっかけだが、どんなにうまい焼き餃子でも、ほかほかの白いご飯がなければ物足りない。

問 38　喝茶

問　　答

(1) 她最爱喝中国的什么茶？　　　　（彼女が一番好きな中国のお茶は何ですか。）
- ⓐ 花茶。Huāchá.　　　　　　　　　　　　　　　　　　　　　（ジャスミン茶。）
- ⓑ 龙井茶。Lóngjǐngchá.　　　　　　　　　　　　　　　　　　（ロンジン茶。）
- ⓒ 普洱茶。Pǔ'ěrchá.　　　　　　　　　　　　　　　　　　　（プーアール茶。）
- ❹ 乌龙茶。Wūlóngchá.　　　　　　　　　　　　　　　　　　（ウーロン茶。）

(2) 服务员劝她去哪里买乌龙茶？（店員はウーロン茶をどこで買うよう彼女に勧めましたか。）
- ❶ 茶叶店。Cháyèdiàn.　　　　　　　　　　　　　　　　　　　（お茶屋。）
- ⓑ 茶艺馆儿。Cháyìguǎnr.　　　　　　　　　　　　　　　　　（茶芸館。）
- ⓒ 自由市场。Zìyóu shìchǎng.　　　　　　　　　　　　　　　（自由市場。）
- ⓓ 自动售货机。Zìdòng shòuhuòjī.　　　　　　　　　　　　　（自動販売機。）

(3) 北京卖的瓶装茶的味道和日本的有什么不同？
　　　　（北京で売られていたペットボトルのお茶の味は日本のとどこが違いましたか。）
- ⓐ 很浓。Hěn nóng.　　　　　　　　　　　　　　　　　　　　（濃い。）
- ⓑ 很清淡。Hěn qīngdàn.　　　　　　　　　　　　　　　　　　（うすい。）
- ⓒ 是苦的。Shì kǔ de.　　　　　　　　　　　　　　　　　　　（苦いところ。）
- ❹ 是甜的。Shì tián de.　　　　　　　　　　　　　　　　　　（甘いところ。）

(4) 她为什么没在茶叶店买乌龙茶？
　　　　　（彼女はなぜお茶屋さんででウーロン茶を買わなかったのですか。）
- ⓐ 卖完了。Màiwán le.　　　　　　　　　　　　　　　　　　　（売り切れていた。）
- ❶ 价格太贵。Jiàgé tài guì.　　　　　　　　　　　　　　　　（値段が高い。）
- ⓒ 质量不好。Zhìliàng bù hǎo.　　　　　　　　　　　　　　　（質が悪い。）
- ⓓ 带的钱不够。Dài de qián bú gòu.　　　　　　　　　　　　（所持金が足りなかった。）

(5) 她放弃了非喝乌龙茶的念头后，觉得应该怎么做？
　　　　（彼女はウーロン茶のことをあきらめると、どうするべきだと思いましたか。）
- ❶ 入乡随俗。Rù xiāng suí sú.　　　　　　　　　　　　　　　（郷に入っては郷に従え。）
- ⓑ 随机应变。Suí jī yìng biàn.　　　　　　　　　　　　　　　（臨機応変。）
- ⓒ 趁热打铁。Chèn rè dǎ tiě.　　　　　　　　　　　　　　　（鉄は熱いうちに打て。）
- ⓓ 喝红茶或绿茶。Hē hóngchá huò lǜchá.　　　　　　　　　（紅茶か緑茶を飲む。）

本文訳例

　私は大のお茶好きで、特に中国のウーロン茶が好きだ。中国人で太っている人が少ないのは毎日ウーロン茶を飲んでいるからだと勝手に思い込んでいたが、三年ほど前、北京に短期留学した際に、そうでないことがわかった。
　北京ではどこの食堂でも決まってジャスミン茶が用意されていたが、最初私の口に合わず、食堂の人にウーロン茶に代えて欲しいというと、困った顔をされ、こう言われた。「置いていません。ウーロン茶が飲みたければ、自分で買いに行かないと」。やむなく街に買いに行くと、ペットボトルのお茶を売っている所があった。外見は日本の自販機の物と変わらないので、一本買ってみると、意外にも甘い。よく見ると、ラベルに「低糖緑茶」と書いてある。さすがにお茶やさんにはあるだろうと行ってみると、お茶の種類は確かに豊富だが、いかんせん高すぎる。かくなるうえは仕方がない。ウーロン茶のことはしばらく忘れ、郷に入れば郷に従い、ジャスミン茶を飲む習慣をつけることにした。すると何日もしないうちに、ジャスミン茶の良し悪しがだんだんと判るようになった。さらに思いがけないことに、2ヶ月後、日本に戻って来た時には、お茶を飲むたびに独特な香りのあるジャスミン茶が懐かしくなった。

問39　女儿红

问　答

(1) 单位为什么举办联欢会？ （職場ではなぜ懇親会が行なわれたのですか。）
- ⓐ 迎接新年。Yíngjiē xīnnián. （新年を迎える。）
- ⓑ 祝贺结婚。Zhùhè jiéhūn. （結婚を祝う。）
- **ⓒ 欢迎新职员。Huānyíng xīn zhíyuán.** （新入社員を歓迎する。）
- ⓓ 欢送退休职工。Huānsòng tuìxiū zhígōng. （定年退職者を歓送する。）

(2) 宴席上服务员向他们推销什么酒？ （宴席で店員は彼らにどの酒を勧めましたか。）
- ⓐ 茅台酒。Máotáijiǔ. （マオタイ酒。）
- **ⓑ 绍兴酒。Shàoxīngjiǔ.** （紹興酒。）
- ⓒ 五粮液。Wǔliángyè. （五粮液。）
- ⓓ 青岛啤酒。Qīngdǎo píjiǔ. （青島ビール。）

(3) 绍兴过去有过什么风俗习惯？ （紹興には昔どういう風習がありましたか。）
- **ⓐ 生女儿时酿坛酒，女儿出嫁时带到婆家去。**
  Shēng nǚ'ér shí niàng tán jiǔ, nǚ'ér chūjià shí dàidào pójia qu.
  （娘が生れた時に醸造した酒を、娘が嫁ぐ時に嫁ぎ先に持たせる。）
- ⓑ 生女儿时酿坛酒，女儿生孩子时喝。
  Shēng nǚ'ér shí niàng tán jiǔ, nǚ'ér shēng háizi shí hē.
  （娘が生れた時に醸造した酒を、娘が子を設けた時に飲む。）
- ⓒ 生儿子时酿坛酒，儿子娶媳妇时喝。Shēng érzi shí niàng tán jiǔ, érzi qǔ xífu shí hē.
  （息子が生れた時に醸造した酒を、息子が嫁をもらう時に飲む。）
- ⓓ 生儿子时酿坛酒，儿媳妇儿生孩子时喝。
  Shēng érzi shí niàng tán jiǔ, érxífur shēng háizi shí hē.
  （息子が生れた時に醸造した酒を、息子の嫁が子を設けた時に飲む。）

(4) "女儿红"这个酒名充满了什么情意？
（「女儿紅」という酒の名前にはどういう気持ちが込められていますか。）
- **ⓐ 父母爱女之情。Fùmǔ ài nǚ zhī qíng.** （娘を愛する親の気持ち。）
- ⓑ 女儿爱父母之情。Nǚ'ér ài fùmǔ zhī qíng. （親を愛する娘の気持ち。）
- ⓒ 丈夫爱妻子之情。Zhàngfu ài qīzi zhī qíng. （妻を愛する夫の気持ち。）
- ⓓ 祖父祖母爱孙子之情。Zǔfù zǔmǔ ài sūnzi zhī qíng. （孫を愛する祖父母の気持ち。）

(5) 他是用什么俗语形容父母的？ （彼はどのようなことわざで父母を形容しましたか。）
- ⓐ 父母都是大傻瓜。Fùmǔ dōu shì dà shǎguā. （親馬鹿。）
- **ⓑ 可怜天下父母心。Kělián tiānxià fùmǔ xīn.** （子を持って泣かぬ親は無い。）
- ⓒ 世上只有妈妈好。Shìshang zhǐ yǒu māma hǎo. （母親に勝るものなし。）
- ⓓ 儿行千里母担忧，母行千里儿不愁。
  Ér xíng qiānlǐ mǔ dānyōu, mǔ xíng qiānlǐ ér bù chóu. （親の心子知らず。）

本文訳例

　新入社員を歓迎するための職場の懇親会が新宿の中国料理店で開かれた。席上、店の従業員から「中国から直接取り寄せたものです」とかめに入った紹興酒を薦められ、よく見ると、「女児紅」と銘柄が入っている。その由来を尋ねると、丁寧な説明があった。「中国の紹興にはその昔、女の子が生れると、酒が入ったかめを庭に埋め、嫁ぐ時に嫁ぎ先に持たせるという風習がありました。風習自体はもう過去のものとなりましたが、酒の名前は残ったんです」。なるほど、娘への親の愛情が込められた酒なのか。「いただきましょう」と皆が異口同音に注文し、紹興酒が出されると、杯を酌み交わしながら、自己紹介が始まった。すると、新入社員の一人から、昨年身を固め、つい最近娘ができた、と報告があった。「今のうちから紹興酒を庭に埋めておいて、将来嫁ぐ時に渡してやれよ」と声がかかると、その若い同僚は顔を紅潮させて、「嫁に出すなんて考えは毛頭ありません」と反論した。「一生手元に置いておきたいのか」とどこからか野次が飛び、笑いが起きたが、私も二人の娘を持つ親の身、彼の気持ちは痛いほどわかる。「子を持って泣かぬ親は無い」とことわざでも言うように。

問 40　团圆饭

問　　答

(1) 她们全家去哪儿了？　　　　　　　（彼女たちは家族全員でどこに出かけましたか。）
- ⓐ 横滨的港口。Héngbīn de gǎngkǒu.　　　　　　　　（横浜の港。）
- ⓑ 横滨的公园。Héngbīn de gōngyuán.　　　　　　　（横浜の公園。）
- ⓒ 横滨的博物馆。Héngbīn de bówùguǎn.　　　　　（横浜の博物館。）
- ❶ 横滨的中华街。Héngbīn de Zhōnghuájiē.　　　　（横浜の中華街。）

(2) 她们在什么餐馆儿吃的饭？　　　（彼女たちはどこの店で食事を取りましたか。）
- ⓐ 快餐店。Kuàicāndiàn.　　　　　　　　　　　　（ファーストフード店。）
- ⓑ 日餐馆儿。Rìcānguǎnr.　　　　　　　　　　　　（和食レストラン。）
- ⓒ 西餐馆儿。Xīcānguǎnr.　　　　　　　　　　　　（洋食レストラン。）
- ❶ 中餐馆儿。Zhōngcānguǎnr.　　　　　　　　　　（中華レストラン。）

(3) 妹妹点的菜多不多？　　　　　　　（妹が注文した料理は多いですか。）
- ⓐ 只有两盘菜。Zhǐ yǒu liǎng pán cài.　　　　（2、3品の料理だけ。）
- ⓑ 一人一盘。Yì rén yì pán.　　　　　　　　　　（一人一品。）
- ⓒ 很多，四份儿套餐。Hěn duō, sì fènr tàocān.　（多く、セットメニュー4人分。）
- ❶ 饭桌上摆得满满的。Fànzhuōshang bǎide mǎnmǎn de.　（テーブルいっぱい。）

(4) 刚开始吃饭时，气氛怎么样？　　（食事が始まった時は、どんな雰囲気でしたか。）
- ⓐ 很活跃。Hěn huóyuè.　　　　　　　　　　　　（活気があった。）
- ⓑ 很热闹。Hěn rènao.　　　　　　　　　　　　　（にぎやかだった。）
- ❶ 有点儿紧张。Yǒudiǎnr jǐnzhāng.　　　　　　（少しきまずかった。）
- ⓓ 有点儿冷清。Yǒudiǎnr lěngqing.　　　　　　（少しひっそりしていた。）

(5) 中国人把一家人共餐叫什么？
　　　　　　　　（中国人は家族で一緒にとる食事のことを何と呼んでいますか。）
- ⓐ 年夜饭。Niányèfàn.　　　　　　　　　　　　（大晦日の夜の食事。）
- ❶ 团圆饭。Tuányuánfàn.　　　　　　　　　　　（一家だんらんの食事。）
- ⓒ 一顿饭。Yí dùn fàn.　　　　　　　　　　　　（一回の食事。）
- ⓓ 自助餐。Zìzhùcān.　　　　　　　　　　　　　（バイキング。）

本文訳例

　父と母、妹らと家族四人で横浜の中華街に出かけた。ちょうど祝日に当たり、にぎやかなことこの上ない。獅子舞のドラの音、観光客の歓声、祝日を祝う爆竹の音、商いの売り声などが一つに重なり、祝賀ムード一色である。
　正午になり、お腹も空いたので食事にしようと、一軒の中国料理店に入った。私が「今日は私のおごりよ。好きな物を頼んで」と言うと、妹は「それじゃ遠慮なく」と、大きな声で注文しだした。八宝菜、コイの甘酢あんかけ、回鍋肉、エビチリ、麻婆豆腐、チンジャオロース、ふかひれスープ、五目焼きそば、アンニン豆腐……、と瞬く間にテーブルいっぱいに料理が並んだ。なのに、どういう訳か両親は夫婦喧嘩をしているし、妹は食べることに夢中で一言もしゃべらず、気まずい空気が流れている。ところが、しばらくして酒がテーブルに運ばれ、両親も酒や料理を口にし出すと、皆から笑顔がこぼれてきた。私と妹は休みなく口を開き、両親は驚くほど仲睦まじく料理を箸で取り合うようになった。それもこれも円卓を囲んで食事を共にする利点なのだろう。なるほど、中国人が家族全員で食事をすることを「団圓飯」と言うのもうなずける。
　お陰で、その日の食事を家族全員が楽しみ、一日中愉快に過ごすことができた。